两岁

从喂养到教养

2才児
自立心とやる気を伸ばすしつけ

〔日〕
佐藤真子
◎著

图 栩◎绘
张佳傲◎译

北京科学技术出版社

2才児　自立心とやる気を伸ばすしつけ

著作权合同登记号　图字：01-2022-6425

图书在版编目（CIP）数据

两岁：从喂养到教养 /（日）佐藤真子著；图栩绘；张佳傲译. —北京：北京科学技术出版社，2023.11

ISBN 978-7-5714-3222-5

Ⅰ.①两…　Ⅱ.①佐…②图…③张…　Ⅲ.①幼儿教育－家庭教育　Ⅳ.①G781

中国国家版本馆CIP数据核字（2023）第176399号

策划编辑：唱　怡　郭　爽
责任编辑：付改兰
封面设计：异一设计
图文制作：辰安启航
责任印制：吕　越
出 版 人：曾庆宇
出版发行：北京科学技术出版社
社　　址：北京西直门南大街16号
邮政编码：100035
电　　话：0086-10-66135495（总编室）
　　　　　0086-10-66113227（发行部）
网　　址：www.bkydw.cn
印　　刷：三河市华骏印务包装有限公司
开　　本：880 mm×1230 mm　1/32
字　　数：122千字
印　　张：7.875
版　　次：2023年11月第1版
印　　次：2023年11月第1次印刷
ISBN 978-7-5714-3222-5

定　　价：59.00元

前　言

2岁的孩子正处于什么都想自己做但又做不好的阶段，他们还离不开大人的监护。这个阶段的孩子令父母头疼不已，他们对什么事情都说"不"，因为他们的心智正在飞速发展，内心急剧的变化令他们不知道该怎么办才好。他们时而乖巧可爱，时而固执任性。

很多父母都苦于处理孩子在这个阶段惹出的麻烦，甚至产生"不想带孩子"的想法。孩子的叛逆期也是父母的叛逆期。为了了解逐渐走向独立的孩子的内心世界，父母应该多一点儿耐心，和孩子一起成长。

每个孩子都有自己的个性，需求也各不相同；而父母同样有自己的个性，对于孩子的行为，他们的反应各不相同。此外，现代家庭类型多种多样，有核心家庭（由一对夫妇及未婚子女组成的家庭）、多代同居家庭、单亲家庭……父母找到适合自己和孩子的育儿方式至关重要。

我想将本书送给每天与孩子一起"奋斗"的父母，希望本书起到为他们加油打气的作用。

亲爱的读者，泡一杯红茶，带着平和的心情，开启阅读之旅吧！

佐藤真子

目 录

母所愿。请不要着急，耐心地陪伴孩子成长和进步吧！

第3章　强健体魄，充实心灵 / 107

2岁的孩子对所见和所听到的一切都感到新奇，大千世界对他们来说充满了魅力。他们对所有事情都兴致勃勃，都想试一试，并在尝试的过程中不断获得新的力量。父母要让他们在玩耍中尽可能多地体验，感受无穷的乐趣，使他们的身心茁壮成长。

第4章　与家人的关系 / 141

过了2岁，孩子开始明白自己是和父母不同的人，无论遇到了开心还是难过的事，他们都想和父母分享。在一个充满爱和接纳的家庭里长大的孩子，内心会十分温暖、安定和坚强。父母要怎样和孩子相处，才能塑造孩子强大的心灵呢？

第5章 2岁孩子的个性 / 179

孩子天生具有鲜明的个性。面对同样的事物，不同的孩子可能会采取完全不同的行动，这是一件很奇妙的事。但是，看着褪去婴儿气的孩子一天天长大，很多父母都对自己孩子的个性感到困惑和不安。父母需要准确判断孩子的个性并因材施教。

　　成年人可能会觉得每天的生活单调、重复，但对快速成长的孩子来说，他们度过的每一天都在为未来添砖加瓦，是他们信心和力量的来源。本章介绍了一些家庭生活场景以及我对在这些场景中的亲子互动的建议。良好的亲子关系能够抚慰孩子幼小的心灵，同时也能使父母内心变得温暖、充实。

第 1 章

2 岁孩子的身与心

2 岁孩子的身体发育

◎ 生长曲线变得平缓

孩子在 2 岁生日到来之时就完全告别了婴儿期，成为幼儿了。正常情况下，2 岁孩子的体重会达到出生时的 3 倍以上，接近 4 倍。但是，孩子在 3 月龄时体重就已经是出生时的 2 倍了。所以相较之下，在 1 ~ 2 岁间，孩子的体重增长速度并不像婴儿期那样快。

2 岁以后，孩子的体重增长速度越来越缓慢。在接下来的一年里，也就是 2 ~ 3 岁，他们的体重可能只增加 2 ~ 3 千克。

孩子的身高增长速度也会放缓。2 岁孩子的平均身高约为 85 厘米，3 岁孩子的平均身高约为 92 厘米，一年中孩子平均只长高了 7 厘米，增长幅度约 8%；而在出生的第一年里，孩子的身高会长到出生时的 1.5 倍。在生长曲线图中，2 岁以上儿童的身高增长曲线逐渐变得平缓。

◎ 孩子的身体发育情况有差异

就像成年人有高矮胖瘦之分，孩子中当然也会出现小胖墩、小瘦猴、大个子和小不点儿。

父母总觉得所有孩子的生长发育速度是一样的，因此经常会将自己的孩子与其他孩子比较，结果往往陷入焦虑之中，这样做并不明智。事实上，只要孩子的身高和体重在"儿童体格生长百分位表"第 25 位到第 75 位之间，他们的生长发育就是正常的。

另外，将身高和体重分开来看也是不合理的。如果孩子的身高与同龄人相比较高，但体重都比大部分同龄人低，那么孩子就偏瘦了；如果孩子的身高偏矮、体重偏低，那么孩子虽然个头小，体形却是较为匀称的。

◎ 观察长期的发育情况

孩子的生长发育是连续的，不能仅凭某一时段的数值就得出结论。父母最好将孩子从出生到目前为止的各项数值都记录下来，并绘制成曲线图，再来判断孩子发育是否正常。

此外，孩子的生长发育速度也不一定稳定，因此曲线图中的线不一定是一条直线。父母想必都遇到过这种情况：孩子感冒了很长时间，其间体重一点儿也没有增加；孩子恢复健康后，体重又噌噌地增加，身体就好像急着补回之前落下的发育进度似的。受各种因素的影响，孩子的生长发育速度时快时慢，因此，父母在一段较长的时间（如1～2年）内连续观察孩子的生长发育指标是很有必要的。

身体机能和运动能力

◎ 免疫力增强

都说 2 岁这一年是孩子从婴儿到幼儿的第一个成长飞跃期。例如，父母一定都注意到，2 岁以后，孩子感冒的次数明显减少了。

顺产的孩子会从妈妈那里获得很多抗体，但孩子出生 6 个月后，这些抗体就几乎全部消失了。之后，孩子动不动就会感冒、发热、咳嗽，一整年不停地去医院，这种情况令许多父母都担心不已。

但到了 2 岁，孩子自身产生的抗体数量达到了刚出生时的水平，之后孩子的免疫力还会不断增强。所以他们感冒的次数大大减少，去医院的频率也没有以前那么高了。

◎ 擅长跑跳

2 岁的孩子除了会走路，还能跑会跳，基本运动能力有了很大的提高。不断学会新技能给他们带来了极大的鼓舞，使他们产生尽情施展技能的欲望。如果这种欲望得到充分的满足，到了快 3 岁的时候，孩子在走路、跑跳方面会取得令父母惊讶无比的进步。

◎ 能独立行走半小时以上

在快 2 岁的时候，孩子就已经能平稳地走路了。2 岁多的孩子能轻松上下平缓的坡道，跨越约 10 厘米高的障碍物，也能自己上下楼梯。在与父母外出购物或散步时，他们可以独立行走 30 ~ 40 分钟。

但孩子不会自己一个人默默地走，而要牵着父母的手，一边走一边和父母聊天，或者一边走一边唱歌。如果缺少轻松有趣的氛围，孩子很快就会感到厌倦。

稍微走一会儿就累了、困了，缠着父母要抱或者要背，这种情况在 2 岁的孩子身上是相当常见的。父母可以在天气好的时候和孩子一起步行去离家近的公园玩耍，最好准备些零食，以便在孩子累的时候停下来休息和补充体力。

◎ 喜欢跳台阶

上下楼梯对孩子来说是一场大冒险。如果他们在散步途中看到了楼梯，那么哪怕需要绕路，他们也一定要爬楼梯。在逛商场和超市的时候，他们也要攀着扶手去爬楼梯。他们还对乘

坐自动扶梯兴致勃勃。不过，父母要看管好孩子，以防他们在爬楼梯的过程中发生危险。

随着爬楼梯的技能趋于熟练，他们会热衷于一次跳下几级台阶。刚开始时，他们会在父母的搀扶下小心翼翼地跳。随着年龄的增长，他们胆子越来越大，突然有一天就能自己跳下几级台阶了。

"一、二、三！"孩子会喊着口号给自己加油，准备鼓起勇气向下一跃——这时，父母千万不要大喊着"危险！""不行！"并制止他们，这样做会将孩子好不容易生出的勇气扼杀于萌芽状态。父母可以挪开周围所有的危险物，积极地陪伴孩子，但不要对他们过度保护。

◎ 会玩滑梯和投球

在公园，2岁的孩子可以自己爬上滑梯并滑下来，不管玩多少次，他们都玩不腻。但很多孩子一起滑滑梯的时候可能会发生意外，所以父母一定要看管好孩子。

2 岁的孩子也能把球投出去，但是，他们还不会接球。快 3 岁时，孩子会对挥舞棍子或球拍感兴趣。如果父母好好引导孩子，说不定能激发孩子体育方面的潜能。

心理发育

◎ "不" 和 "好"

过了 2 岁, 孩子在心理方面的成长比身体的发育更为明显, 比如, 他们开始产生自我意识, 会频繁地说"不"。

父母要收拾玩具, 孩子说"不要"; 父母想给孩子脱下脏衣服, 他们会大喊"不要"; 甚至有时父母将孩子最喜欢吃的水果递给他们, 他们也会说"不要"。然而, 在很多时候, 孩子只是觉得好玩才一直说"不"。因此, 父母无须担心, 这并不代表孩子的品性有问题。事实上, 说"不"的行为对孩子建立自我认知起着非常重要的作用。

偶尔孩子心情不错的时候也会说"好", 并乖乖地完成父母交代的事情。"把……拿过来, 放在桌子上。"即使父母向孩子提出诸如此类比较复杂的要求，他们也能很好地完成。

　　当自己的请求没有被完全满足，甚至被拒绝时，是应该坚持自己的想法，还是应该放弃？对此做出合理的判断对 2 岁的孩子来说还是一个大难题。我想反复强调的是，放弃自己的一切想法、事事都听父母话的"乖孩子"并不是"好孩子"。希望父母帮助孩子学会如何做出选择。

◎ "我自己来！"

　　2 岁的孩子什么事情都想要自己做，不愿意像以前那样事事由父母代劳。如果不自己拿勺子吃饭，他们就不满意。他们还会闹着自己换衣服，出门时也要自己穿鞋。当孩子把鞋子穿反了，父母帮助他们脱掉鞋子重新穿时；或者时间来不及，父

我要自己拿！

母去帮忙时，孩子可能会大哭大闹。孩子是在通过这样的方式确认"我是我自己"，从而获得心理方面的成长。

因此，遇到这种情况时，父母最好忍住，不要插手。哪怕孩子的动作不那么灵活，父母也要认可他们努力的成果，并表

扬孩子："真棒！这是你自己一个人完成的！"

◎ "这是什么呀？"

有的孩子到了 2 岁还不太会说话，但有的孩子已经掌握了很多词汇，还会说双词句。2 岁孩子的语言发育程度呈现很大的个体差异。如果自己的孩子开口说话比其他的孩子晚，有些父母会非常在意。其实，只要孩子在日常生活中能听懂大人的话，父母就不必担心。孩子此时已经积累了大量的词汇，不久后他们就会开口说话，并沉迷于自我表达。

2 岁的孩子会指着各种物品，不知疲倦地问"这是什么？""那是什么？"。得到答案后，他们就会马上重复答案。只有通过反复听、反复模仿，孩子才能流畅地说出来。因此，当他们问"这是什么？"的时候，父母不应只告诉他们物品的名称，还要说明物品的颜色、形状以及用途，因为孩子喜欢听大人和自己说话，尤其喜欢听大人用开心的语气和自己说话。孩子提问不仅仅是为了知道这个物品是什么，也是为了表达自己的期待，希望得到大人的关注。

看到孩子的语言能力越来越强，父母一定很高兴。在孩子学习语言的过程中，他们的智力也得到进一步发展，父母和孩子的关系也更亲密。

◎ 喜欢图画书，喜欢唱歌

孩子喜欢听父母读图画书。孩子能够记住经常听的故事，所以，如果父母在读故事的时候偷懒，跳过了一些内容，孩子就会非常不高兴。有时孩子会自己翻看图画书中的图画，还会模仿父母读故事，一边翻书一边念念有词。通常，孩子特别喜欢故事中散步、乘车、吃饭、洗澡等生活场景，父母可以一边读故事一边和孩子模拟这些场景，并和他们交流。

很多孩子尤其喜欢看食物的图画，因此父母可以画出孩子喜欢的食物，或者将其拍成照片，然后和孩子一起动手做一本关于食物的图画书，这也是件很有趣的事情。

快 3 岁时，孩子掌握的词汇越来越多，表达欲望也愈发强烈。他们看图画书时经常会发出"太好了""真可怜"这样的感叹，这说明孩子在读故事的过程中，学着体会书中人物的快乐、悲伤等情绪，这对培养他们的情绪感知能力是相当重要的。

2 岁的孩子对节奏和音律较为敏感，喜欢图画书里的拟声词，也能跟着电视节目哼唱旋律简单的歌曲。有的父母会为孩子唱童谣。如果让孩子在听童谣的同时给他们展示相关图画或照片，效果会更好。2 岁的孩子还能合着音乐的节拍摆动身体，因此父母可以和孩子一起做简单的体操。

作为父母，你要记住，你为孩子读故事、唱歌的时候，是他们情绪最平稳、最安定的时候。

◎ 产生丰富的情绪

2 岁的孩子已经发展出了各种各样的情绪（这一过程也被称为"情绪分化"），他们表达情绪的方式也丰富了起来。开心时，孩子不光会用语言表达，还会一边挥舞小手一边跳，好像在跳舞一样，用整个身体来表达开心的心情。

他们对动物和花朵也产生了疼爱、怜惜之情。他们会紧紧抱住可爱的小狗、小猫、小兔子；看到美丽的花，他们会赞叹"好漂亮"；看到花枯萎了，他们会伤心地说"好可怜"；他们会嫉妒自己的弟弟妹妹，但也知道要疼爱他们。

在看电视节目的时候，孩子如果产生了共鸣，就会高兴地拍手、大笑。看到喜欢的体操或听到喜欢的歌曲时，他们会跟着一起做或一起唱。孩子会通过这样的方式表达自己的喜悦。

对讨厌的事物，孩子的反应则很夸张，他们会生气地大哭大叫。有时他们对大人觉得稀松平常的物品表现得特别恐惧，或者在听到某个故事时感到特别害怕。

到了 2 岁，孩子害怕的东西也突然变得不一样了，比如他们会突然害

怕之前从来不怕的日常物品，会突然不愿意靠近某个地方。孩子的过度反应有时会吓到父母。

　　孩子希望从大人那里得到符合自己期待的、夸张的回应。例如，他们用积木搭出"得意之作"后，会对妈妈说："快看！"

这时，如果妈妈敷衍地回答"啊，搭好了呀"，孩子就会生气地说"妈妈没好好看！"。孩子希望妈妈也和自己一样激动，夸张地表扬自己"好厉害！"。

我将在后文列举 2 岁孩子的一些行为，这些行为在很多父母看来是有问题的，其实它们都是孩子情绪分化的表现。

孩子表达出的情绪越丰富，说明他们的情绪分化越顺利，所以父母无须对孩子的情绪化表现感到担忧，陪伴孩子一起面对就好。

让父母头疼不已的"问题行为"

◎ 发脾气

2岁的孩子是发脾气的"天才"。当他们的玩具被朋友抢走，或被哥哥姐姐强迫做事情的时候；当他们在玩耍时被妈妈打断，要去洗澡、吃饭的时候；当他们在外面没玩够，但大人说要回家的时候；当他们想自己脱鞋、脱衣服，大人却伸手帮忙的时候；当他们想要某个东西，但大人不给买的时候，他们都会大发脾气。只要稍有不顺意，他们就会马上使性子。

孩子表达愤怒的方式有很多种，比较有代表性的是摔玩具、捶打身边的物品、发出尖锐的叫声并拍手跺脚、咬自己的手指等。如果孩子在公共场所大声哭闹，有些父母会感到十分尴尬，不知如何是好。而且，孩子一旦开始发脾气，就很难立刻恢复平静，不管父母怎么哄、怎么逗都无济于事。作为父母，你如果实在难以安抚孩子，不妨静静地抱着孩子，这样做更容易让孩子平静下来。

◎ 叛逆

2 岁的孩子特别喜欢说"不"。

"吃饭好不好？""不吃！"

"今天很热，戴上帽子吧？""不戴！"

"把报纸拿给爸爸。""不要！"

从早到晚不停地说"不"，这是2岁孩子的常见行为。心

情好的时候，孩子也会乖乖地回答"好"。但是，一旦他们闹

情绪，情况就糟糕了。大人不论说什么，得到的回答都是"不！不！不！"。

孩子学会了坚持自己的想法，但是，在父母看来，他们在使性子。**从 2 岁左右开始，孩子会不停地说"不"，2～5 岁这个时期也被称为"第一反抗期"**。一般来说，3～4 岁孩子的"叛逆心理"较严重，但这种"叛逆心理"会在孩子 4～5 岁时消失。**事实上，在第一反抗期没有出现逆反行为的孩子，长大后反而更容易出现问题，所以父母应该把孩子进入反抗期当作一件值得高兴的事情。**

当孩子大喊着"不"，父母耐心劝说无果时，父母就要用一些巧妙的策略来应对。例如，在孩子闹着不愿意吃饭、洗澡、穿外套时，父母可以故意说反话，对孩子说"那今天就不吃饭了吧！""现在还不可以洗澡哟！""好冷啊，但是还是别穿外套了！"，也许孩子就会回答"不，我要吃饭！""不，我要洗澡！""不，我就要穿！"，这样父母就如愿以偿了。

快 3 岁时，孩子学会了无视父母的话或岔开话题，比如，当父母要求孩子坐好时，他们会假装听不见并保持原来的姿势继续吃饭；如果父母提醒他们"不要把饭洒出来"，他们就会转移话题，比如问："妈妈，这个红色的东西是什么呀？"快3岁的孩子明显变得"狡猾"了起来。

◎ 什么都要自己做

2岁的孩子尝到"自己做"的甜头后，就会事事与父母"作对"。从早上起床脱睡衣开始，到穿衣服、洗脸、吃早餐、出门，再到晚上洗澡、换睡衣、睡觉，整整一天他们可能都会和父母"对着干"。

比如，洗澡时，孩子要求自己洗，如果父母看到孩子洗不干净上去帮忙，孩子就会哭闹；洗完澡后，父母为了防止孩子着凉赶紧给他穿上睡衣，但孩子又生气了，非要把睡衣脱下来，自己重新穿上。

再比如，孩子想自己剥香蕉皮，却不会剥，妈妈给他剥好了，他就生气地要拿一根新的；吃饭时，父母伸手帮忙就会被孩子推开，但是他还拿不稳勺子，往往将饭洒得到处都是。

如果孩子在公共场合和父母对着干，父母往往会因为周围人的注视而感到手足无措。例如，在忙碌的车站检票口，孩子

⑥⑦⑧ 我自己吃！ 啊，对不起！

非要自己拿着车票；孩子想要自己上下楼梯，但楼梯处人来人往，非常拥挤；在餐厅孩子闹着自己吃饭……这些情况无不令父母焦头烂额。

◎ 爱管闲事

用"爱管闲事"来形容2岁的孩子并不准确，应该说他们"对什么都感兴趣"。不论什么事，孩子都想试一试，其实这也是"什么都要自己做"的一种表现。

被大人拜托帮忙拿东西时，孩子会很开心，但他们并非因为帮上忙而开心，而是把拿东西当成了游戏。扔垃圾、收拾玩具和图画书、打开衣柜拿出哥哥的睡衣、摆放碗碟、给淋浴中的爸爸递内衣、告诉邻居阿姨居委会的通知……孩子很乐意做这些事情。只要父母正确引导，孩子就能做更多的事情，孩子的自理能力也会变得更强。

但是，一旦孩子失去兴趣，没了动力，父母再想拜托他们做些什么可就比登天还难了，所以父母也不能指望孩子真正帮上忙。与其说父母让孩子"帮忙"，不如说父母通过拜托孩子做事情来激发孩子的独立性和自主性。

当孩子为父母做了什么事情，看到父母露出非常欣喜的表情时，他们就能受到鼓励，这对培养孩子的感性认知和提高他们的自主性都有好处。

孩子"爱管闲事"的特点还体现在，在和比自己小的孩子

一起玩的时候，会指挥他们做这做那，比如把自己的儿童三轮车推过来，用命令的语气说："骑这个！"如果弟弟妹妹想玩别的，孩子就会板着脸阻止道："不行！"

◎ 反复无常

在孩子还是小婴儿的时候，他们的所有"想法"都得靠父母猜测，比如"宝宝困了吗？""宝宝肚子饿了吗？""宝宝想吃鸡蛋还是西红柿？我猜你想吃鸡蛋。"1岁半后，孩子能理解语言了，对父母来说，育儿变得轻松了。以吃饭为例。

妈妈问孩子："还要吃吗？"

孩子一边摇头一边回答："不要。"

妈妈说："不能浪费食物，那我就吃掉了。"

然后，妈妈将孩子剩下的饭吃掉了。

然而，孩子到了2岁左右，情况又变得复杂起来。仍以吃饭为例。

妈妈问孩子："还要吃吗？"

孩子回答："不吃了。"

妈妈说："那我就吃掉了。"

午饭时

小雄，吃饱了吗？

点头

①

那剩下的妈妈就吃掉了！

②

……

！

③

我的饭！我的饭！

我要吃！我要吃！

④

　　然后，妈妈将孩子剩下的饭吃掉了。但是，看到妈妈把饭吃完，孩子又闹着要吃饭。

　　妈妈解释道："因为你说不吃了，妈妈才吃掉的。"

　　孩子听不进去，闹个不停，大喊："我要吃！我要吃！"

此类情况经常让父母非常困惑。除此之外，去还是不去，喜欢还是不喜欢，想尿尿还是尿不出来，困还是不困，帮忙还是不帮忙……孩子对这些问题的回答总是反复无常，父母被折腾得精疲力竭。

此外，2岁的孩子将注意力集中于一项游戏上的时间很短，他们很快就会把注意力转移到其他游戏上，比如一个玩具玩一会儿就被孩子扔在一边，父母收拾起来很辛苦。**2岁的孩子集中注意力的时间为5~10分钟，这也是导致他们"反复无常"的因素之一。**

◎ 嫉妒

如果妈妈被"抢走了"，孩子就会大发脾气。当家里有客人来访，妈妈和客人说话的时候，孩子会想方设法地干扰、妨碍他们交谈，为此付出的努力简直令人"动容"。

比如，妈妈的朋友刚进门，孩子就开始大喊："阿姨不许进来！"接着，孩子会用"我尿裤子了""我口渴了"等各种借口吸引妈妈的注意力；或者拿着图画书对妈妈说"给我念这个"；或者把堆起来的积木一股脑儿推翻，以吸引妈妈的注意力。在妈妈打电话的时候，孩子也会一直在旁边捣乱，这可能也是出于同样的心理。

如果孩子有哥哥姐姐，每当哥哥姐姐坐在妈妈的腿上，孩

子就会飞奔过来把哥哥姐姐推开，自己坐上去。直到哥哥姐姐放弃了，他们才会安心地从妈妈的腿上下来，自己去玩。

孩子也会对弟弟妹妹产生嫉妒心理，很多育儿书都提到了这一点。每个孩子表达嫉妒的方式都不一样，但欺负弟弟妹妹的行为较为多见。

孩子似乎还很在意妈妈和爸爸的关系。当妈妈和爸爸聊得很开心的时候，孩子就会急得拼命闹出各种动静，想让两个人的注意力都集中到自己身上。

　　有些孩子只要看到自己妈妈的手被其他小朋友握着，就会慌忙跑过来把小朋友的手甩掉，自己握住妈妈的手。

◎ 任 性

　　2岁的孩子还不懂得体谅他人，他们没有很强的同理心，非常以自我为中心。无论做什么事，他们都只考虑自己的感受。在大人看来，这种表现就是"任性"。

　　和兄弟姐妹一起的时候，孩子希望自己永远排在第一位。大人会试图劝说："昨天是你先玩的，今天让哥哥先玩吧！"可他们根本听不进去。

　　此外，明明没有在看书，当大人要把书收起来时，孩子却生

① 啊，这么乱。

② 小雄，稍微收拾一下。

③ 不收拾干净会被姐姐笑话的。

气地说"不行";大人刚给他们买了零食,他们闹着还要买别

的;想把其他小朋友的玩具据为己有;看到妹妹和其他小朋友

玩就霸道地阻止道:"不行,妹妹只能和我玩!"……从大人的角

度来看，这些全都是任性的行为。

孩子一个劲儿地无理取闹，会使父母很烦恼，父母会不由得担心孩子的品性。父母如果用成年人的标准衡量孩子的行为，就会因为觉得孩子不可理喻而对他们发火，甚至动手打他们。但2岁的孩子才刚刚开始学习规矩，所以，对于孩子看似任性的行为，父母需要耐心地应对。

◎ 小气

对2岁的孩子来说，当其他小朋友想玩他们的玩具时，哪怕他们现在没有在玩这个玩具，也会非常气愤。"不行，这是我的！"他们会一边说一边把玩具抢回来，然后紧紧抱住玩具，不与其他小朋友分享。有时，为了护住自己的玩具，

哇，小雄有这么多玩具啊。

他们两只小手都塞得满满的，为此连玩耍都顾不上，他们滑稽的样子让人看了忍俊不禁。

生活中经常有下面这样的例子。一个 2 岁的孩子抱着毛绒熊玩偶，一位阿姨看到了，说道："好可爱的小熊啊，让阿姨

看看好不好？"但孩子怎么都不肯放手。妈妈劝道："让阿姨看看怎么样？"孩子在确认对方会马上归还玩偶之后，才不情不愿地将玩偶递给对方。

对刚刚学会区分"自己"和"他人"的孩子来说，"自己的东西"就像是自己身体的一部分，是不能轻易交给别人的。 不仅仅是玩具，让 2 岁的孩子把自己的衣服借给朋友穿，也是他们最讨厌、最无法忍受的事情。

2 岁的孩子无法分清"借"和"送"，因此，他们会将"借出"误解为"送给"而和朋友发生争执。 在生活中，我们经常能看到两个孩子抓着同一个玩具谁也不让谁的情景。

当孩子快 3 岁的时候，随着逐渐理解"自我"这一概念，他们就能够分清"借"和"送"、"别人的东西"和"自己的东西"了。

◎ 返婴现象

很多父母都知道，有些孩子在有了弟弟或妹妹以后会出现生活习惯退化的情况，他们仿佛重新变成了婴儿。在妈妈给弟弟妹妹喂奶的时候，孩子会一直嚷嚷着想尿尿、想喝水，这经常让妈妈心烦意乱。另外，也有不再主动说要尿尿，只得重新开始穿纸尿裤的孩子。还有的孩子晚上不愿意穿纸尿裤，一旦父母强行给他们穿，他们就会尖叫，陷入恐慌之中。除了行为

方面的退化，由于父母在更小的孩子身上倾注了更多精力，陪伴大孩子的时间减少，这可能导致大孩子的语言发育变慢，有的大孩子甚至不再开口说话。

即使没有弟弟妹妹，当有人带着婴儿来做客时，有些孩子会模仿婴儿发出的声音，和婴儿一样用奶瓶喝奶，并在地上爬来爬去。因为孩子喜欢被当成婴儿，喜欢被父母抱在怀里。在父母忙着接待客人或准备饭菜的时候，孩子也会模仿婴儿来吸引父母的注意力。

父母如果发现孩子出现返婴现象，不要批评他们说"你已经长大了"或"你都 2 岁了，是大哥哥 / 大姐姐了"。父母偶尔可以顺着孩子的行为，像对待婴儿一样对待他们，给他们充分的关心，这是很有必要的。在孩子感受到自己依旧被父母重视后，他们自然就会恢复 2 岁孩子该有的状态。

◎ 讨厌排队

当孩子到了快要上幼儿园的年龄时，父母都会担心孩子能否顺利地融入集体。对 2 岁的孩子来说，他们往往还不能很好地适应集体生活。

例如，当一群孩子在沙坑玩或争抢玩具时，大人会说"大家排队轮流玩"或"你们可以一起玩"。但是，2 岁孩子对此的反应通常是"我最讨厌排队

大家都来吃点心吧！

①

哇——

②

大家排好队！

③

哇，点心！给我！给我！

给我！

点心！

了！""不，我要一个人玩！"。即使大人用零食等引导他们，他们也不愿意排队。

2岁的孩子还不会与人合作。他们不会和其他小朋友合作挖沙子隧道，只会自己玩自己的。例如，2岁的孩子看到一个小朋友在用沙子做"汤圆"后，会挪到他的旁边也开始用沙子做"汤圆"，但不会和他交流。尽管如此，和其他小朋友一起玩耍还是很快乐的，如果这个小朋友换位置，孩子也会跟着换。

对2岁的孩子来说，要真正学会抑制自己的欲望、融入集体生活，他们还必须经历很长的一段磨合期。

◎ 胆小畏缩、爱哭

带孩子去公园玩时，我们总会发现有些孩子无法融入其他孩子的圈子，一直黏着自己的妈妈。妈妈越是不耐烦地催促孩子"大家都玩得那么开心，你也去呀！"，孩子越是害怕，抓着妈妈的衣服一动不动。第二天，当妈妈提到那个公园时，孩子就会产生抵触情绪，摇头说"不想去"。也有的孩子如果在妈妈的陪伴下就玩得很开心，一旦妈妈起身离开，孩子就会慌慌张张地追过去。

有的孩子一个人玩得好好的，但当其他小朋友加入时，他就会产生抵触情绪，这样的情况也很普遍。同样，有的孩子一个人滑滑梯时很开心，但当很多孩子都来玩时，他就不玩了。

还有的孩子只要别人稍微靠近一点儿，就会哭闹。例如，当孩子在沙坑玩时，旁边的小朋友说"你的铲子借我用一下"，然后直接把铲子拿走了，孩子马上开始哇哇大哭，尽管小朋友慌忙把铲子还给

他，但他还是哭个不停。

这样的行为多见于敏感、对集体或他人的反应过于强烈的孩子。当然，父母可以将这样的行为视为孩子有个性的表现，不做干预。但如果孩子过于敏感，比如不适应游乐场等公共场所，不习惯和他人接触，或者当其他小朋友靠近时，不知道该如何应对从而变得警惕不安，父母就应予以重视，让孩子慢慢积累社交经验。**另外，父母与孩子关系过于亲密有可能导致孩子过度依赖父母，孩子也会出现以上情况。**请回想一下，你是否也存在与孩子关系过于亲密的情况呢？

◎ 打架、欺负人、被欺负

孩子2岁后，因为和其他小朋友争抢玩具而大打出手、咬人的情况多了起来。有时，即使是一些无关紧要的事，也会使他们对朋友"拳脚相向"。

有的孩子在挨打后会还手，有的会哭，还有的会向大人告状。打架其实是孩子在表达自己的态度，如果事态的发展令自己不满意，他们就会挥舞着球棒之类的"武器"，想要占上风。孩子的行为都有理由，但大人有时很难理解孩子的理由。

有时孩子会欺负别人，有时孩子又会被别人欺负——孩子有孩子的世界。大人虽然很难对孩子之间的争执漠不关心，但最好还是将问题留给孩子自己解决。

除了个别情况（比如对年幼孩子的攻击性行为是比较严重的问题，父母应该及时制止，不能对此放任不管），**一般来说，孩子之间发生摩擦并不代表他们的行为有问题。**

◎ 说谎

有时父母会听到孩子和朋友的对话中夹杂着很多不真实的内容，比如明明是独生子，却说家里还有小宝宝；明明家里没人，却说"今天奶奶来了，所以你不能来我家玩了"；明明没坐过飞机，却说自己坐过；明明没有某个玩具，却说自己有；明明父母没有答应，却说"今天爸爸要给我买那个玩具"……

也有的孩子会说出一些自己幻想出来的事，将图画书中的故事情节和现实生活弄混，或者将别人的经历说成是自己的。

当孩子说"我坐过飞机"时，如果大人无情地拆穿："骗人，你没坐过飞机！"那么对话就到此为止了。但是，如果大人顺着孩子说："哇，真好，妈妈也想坐啊！"孩子就打开了话匣子，滔滔不绝地说："妈妈也一起坐了，爸爸也一起坐了，我们去看了大象。"**在这种情况下，与其说孩子在说谎，不如说他们在发挥想象力。**

当然，孩子说谎也可能是出于自我防卫，特别是当他们发现说真话会被父母责骂后。例如，妈妈问："那个玩具是怎

么回事？"玩具其实是孩子从
朋友那里抢来的，但为了不被
责骂，他们会对妈妈说，玩具是
"朋友的妈妈给的"。孩子对耍
小聪明似乎能够无师自通。

◎ 模 仿

2 岁的孩子会模仿大人。
女孩会在镜子前涂妈妈的口
红、戴妈妈的耳环；男孩则会
穿上爸爸的鞋、拿着爸爸的公
文包假装要去上班。这些都是
婴儿期模仿行为的延续，模仿
行为最终会变成"过家家"游

戏。父母往往对孩子的这些行为一笑置之，这并不是什么
值得在意的行为。

但是，有时也会发生让父母感到手足无措或者尴尬的事。

比如，孩子会像父母批评自己一样批评弟弟妹妹："小文，不许把饭洒出来！""小文，你真磨蹭！""小文，不许那样做！"……

又如，家里来客人时，可能会有如下一番对话。

客人："你好。"

孩子："你好。"

客人："哎呀真懂事，你多大了？"

孩子："哎呀真懂事，你多大了？"

孩子会像鹦鹉学舌一样重复自己听到的话，他们觉得很开心，但这种行为会让客人感到困惑，也让父母感到尴尬。对孩子来说，"鹦鹉学舌"和"接龙""猜谜语"一样，都是游戏。

看到妈妈每天做家务，孩子会很感兴

趣，也想做家务。对妈妈来说，孩子闹着要洗碗、洗衣服，是妨碍，是麻烦；但对孩子来说，做家务是游戏，如果父母让他

们做家务，他们就会觉得愉悦和满足。

2岁的孩子还喜欢模仿大孩子，比如看到哥哥去卫生间，孩子也会跟着去，但到了卫生间却不尿尿；看到哥哥跌倒了，孩子也假装跌倒；看到哥哥大声笑，孩子也跟着一起笑；看到哥哥喝水，孩子也要喝水……2岁孩子的模仿行为经常让父母觉得莫名其妙。

晚上睡觉前，有的孩子会把白天学到的流行语、没有实际意义的歌词等重复一遍，但孩子可能根本不明白自己在说什么。

父母担心的"坏习惯"

问：我的孩子好像是左撇子。我担心他以后生活会不方便，我可以现在就引导他使用右手吗？

发现孩子从 2 岁左右开始用左手拿勺子吃饭，或者用左手拿蜡笔画画，大多数父母都以为孩子是左撇子，从而想方设法地引导他们使用右手。在现实生活中，惯用右手的人占多数，生活设施也基本上都是为惯用右手的人设计的，因此，孩子长大后可能会因为自己是左撇子而备受困扰。但是，父母不能因为孩子在 2 岁的时候倾向于使用左手就判断他是左撇子，很多这个年龄的孩子都能同等程度地使用左右手。

孩子究竟是不是左撇子，要到他们 3 岁以后才能下定论。

孩子手、脚、眼全都是左利的话，父母最好不要强行纠正孩子。

在这种情况下，强迫孩子只使用右手有可能影响孩子的心智发育，甚至导致孩子口吃。如果孩子只是倾向于使用左手，父母可以在不经意间引导孩子使用右手。当然，最好的情况是孩子能灵活地使用双手。**总之，频繁使用左手属于孩子发育过程中的正常现象，将其视为坏习惯和问题是不可取的。**

问：孩子爱吮吸手指，怎么都改不掉这个习惯。我听说这是因为孩子的需求没有得到满足，我尽可能地多带孩子出去玩，但还是没有效果。

有的孩子从未出现过吮吸手指的行为；有的孩子有这种行为，但这种行为会在他们 1 岁左右自然消失；还有的孩子直到七八岁都无法改掉吮吸手指的习惯。2 岁左右的孩子大多在白天不会出现吮吸手指的行为，他们经常在晚上吮吸着手指入睡。如果孩子在白天也经常吮吸手指，父母就会非常在意，他们会认为孩子已经不再是婴儿了，不应该有这种习惯。

但是，父母连自己的"坏习惯"都不能很快、很轻易地改掉，因此也不能对孩子要求太高。一般来说，给孩子手指贴上创可贴等方法起不到多大的作用。

当孩子在户外尽情地活动身体，或者沉浸于某件事情的时候，他们通常不会吮吸手指。父母需要做的是每天都带孩子外出，或者每天给孩子留出一段时间让他们专心做自己喜欢的事。不要着急，耐心等待，孩子吮吸手指的行为自然会消失。

问：孩子有时候会口吃，真让人担心。我该怎么做？

2～4岁的孩子容易口吃。孩子学会用语言与他人交流后，可使用的词汇数量大幅增加，他们有很多事情想要表达却想不出合适的词语，要说的话仿佛都堵在了嗓子眼里，所以才会重复同样的音节，说话断断续续。大人看到了不免会担心，会让孩子重新说或者试着慢点儿说。但是，这样做反而会给孩子带来压力，让孩子在说话前更紧张不安，口吃越来越严重。

因此，如果孩子出现了口吃的问题，父母不要急于干预。**与其进行干预，父母不如反思一下自己平时是否对孩子过于严厉。要相信，孩子还小，他们一定可以解决口吃这个问题。**在孩子说话的时候，不管孩子说得多么磕磕巴巴，父母都不要在意，要愉快地听他们把话说完，并以轻松的语气回应他们。

第 2 章

生活习惯

告别纸尿裤

◎ 要在孩子发出信号后进行如厕训练

要不要训练 2 岁的孩子如厕呢？一些父母虽然认为不用着急，但看着和孩子同龄的其他小朋友一个接一个地成功告别纸尿裤，还是会不由自主地因孩子落后于人而产生焦虑感。

根据调查，只有 40% 左右的孩子能在 2 岁学会如厕，所以即使这个阶段孩子还在穿纸尿裤，也不算发育迟缓。

到了 3 岁，孩子能很好地理解父母说的话，也能相对准确地表达自己的想法了，此时父母再开始对孩子进行如厕训练，或许能在较短的时间内帮助孩子成功告别纸尿裤。

可能有很多父母在孩子 2 岁前就尝试对他们进行如厕训练，但都失败了。失败的原因有很多，最常见的原因是孩子还没有成长到可以告别纸尿裤的阶段。他们大脑尚未发育完全，还不能自主控制排尿，如果父母这时就急着训练孩子如厕，自然是不可能成功的。

那恰当的如厕训练时间是什么时候呢？具体的时间因人而异，但最早也要在孩子 1 岁半以后。这时，孩子已经能够体会尿液积在膀胱里的感觉，并且其膀胱的括约肌开始发挥功能，他们可以在坐到坐便器上之前忍住不小便。

近几年，父母开始训练孩子如厕的时间普遍有所推迟，因为随着科学的育儿知识的普及，婴幼儿排泄系统的发育规律也被父母所熟知。

父母可以通过观察孩子的情况来判断进行如厕训练的时机是否到来。在 2 岁之前，孩子的膀胱里只要有一点儿尿液，尿液就会被排出来；随着排泄系统的发育，当孩子产生了尿液积在膀胱里的感觉，他们会在排尿前突然停止动作一动不动，或者龇牙咧嘴。另外，因为膀胱储尿能力增强，孩子排尿的时间间隔变成了 2 小时左右。父母可以试着间隔较短的时间摸一下孩子的纸尿裤，如果摸了几次发现纸尿裤都是干燥的，这就是可以开始进行如厕训练的信号。

◎ 把握时机

如果父母在孩子膀胱里有尿液的时候带他们去卫生间，孩子当然能够很顺利地排尿，但这只是运气好而已。如厕训练的目的之一是要让孩子意识到排泄的时机。

为此，父母可以在孩子可能想小便的时候不断询问他们要不要"嘘嘘"或者让他们坐在自己的儿童坐便器上。早晨和中

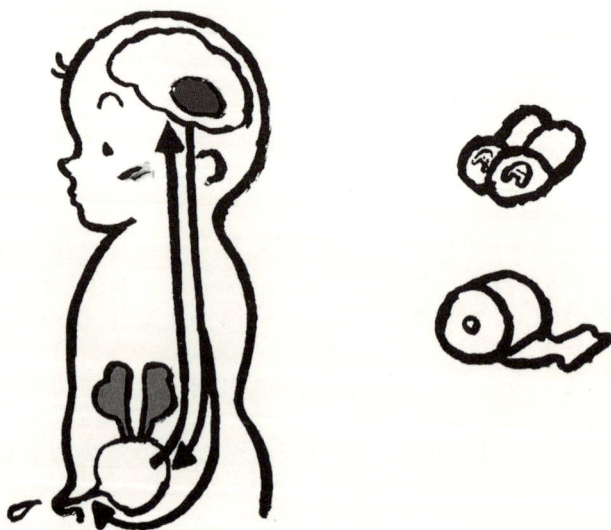

午起床之后都是进行如厕训练的绝佳时刻。此外，父母可以每隔 2 小时左右询问孩子要不要上厕所。

　　但是，如果孩子不需要上厕所，或者等了 2～3 分钟还尿不出来，父母就不要勉强。可能会出现刚离开卫生间，孩子就尿了裤子的情况，这时父母可能会很生气，但绝对不能责骂孩子。一旦孩子对如厕产生了心理阴影，就会推迟从纸尿裤"毕业"的时间。在天气寒冷或者喝多了水的时候，孩子小便的时间间隔会变短，所以父母也要相应地提高询问的频率。

◎ 让孩子记住想要"嘘嘘"的感觉

在如厕训练的过程中，孩子会逐渐记住小便的感觉：先是尿液在膀胱积累时产生的压迫感，然后是一下子尿出来产生的放松的感觉。和穿纸尿裤时不同，孩子用眼睛看到了自己小便的全过程，这也有助于他们加深对小便的理解。从这一点来看，不小心尿了裤子对孩子来说其实是很好的学习机会。

父母可以反复对孩子说："嘘嘘出来了，真棒！""这就是嘘嘘，下次想嘘嘘的时候要告诉妈妈/爸爸哟！"以此来帮助孩子养成在小便之前告诉大人的习惯。如果父母总是给孩子把尿，孩子的膀胱还没满，尿液就排了出来，孩子是学不会如厕的。父母要不断询问孩子，耐心地等待孩子意识到自己想要小便，等待他主动说出"要嘘嘘"。当然，刚开始训练时失败是很正常的。重点是要让孩子体会尿液积累的感觉和忍不住快要尿出来的感觉，并且让孩子学会当产生这种感觉的时候，马上告诉大人"我要嘘嘘！"。

◎ 大便和尿床

孩子 2 岁以后，一天中排便的次数会减少，排便时间也大致形成了规律，所以即使孩子还在穿纸尿裤，父母也能了解孩子大概什么时候排便了。父母可以在固定的时间，如早餐后，试着询问孩子要不要大便，他们也许能更快地学会坐在坐便器上大便。

但是，也有学会了坐在坐便器上小便、却不会坐在坐便器上大便的孩子。如果出现了这种情况，父母就要回想一下自己过去有没有在孩子拉裤子的时候指责过他们，或者对他们开玩笑说"真臭""真脏"，这些行为都会使孩子对排便感到羞耻。如果是因为大便很硬，孩子怎么也排不出来，父母就要注意孩子的饮食，并调整他们的生活节奏。

不管如厕训练进展如何，孩子尿床都是正常的现象，所以短期内，在睡觉前还是给他们换上纸尿裤吧！

◎ 选择成人坐便器还是儿童坐便器？

训练孩子如厕并不一定要使用儿童坐便器。它的优势是比较方便，孩子在快要忍不住、来不及去卫生间的时候可以马上坐下如厕。而且，成人坐便器的尺寸对孩子来说肯定是不合适的。此外，如果孩子很早就开始接受如厕训练，或者孩子觉得卫生间很冷、很阴森，使用儿童坐便器就更合适。

然而，由于儿童坐便器只会使用很短的时间，所以，即使

父母没有购买儿童坐便器，让孩子使用成人坐便器也没有问题。

特别是，如果父母在孩子 2 岁以后才开始进行如厕训练，此时孩子的身体已经发育到一定程度，父母只要将成人坐便器稍加改造（如装上儿童坐便圈，再放上垫脚凳），孩子就可以使用了。

孩子快 3 岁时，他们模仿大人的意愿更强烈，大部分孩子都不再愿意使用儿童坐便器了。

◎ 告别纸尿裤的时机取决于父母

如果一天中孩子有几次能自主如厕，父母就可以将孩子的纸尿裤换成内裤了。对孩子来说，告别纸尿裤是件大事。一方面，他们觉得小屁股变轻了，活动起来更轻松自如，可以做很多以前做不到的事情；但另一方面，由于小屁股突然失去了保护，孩子可能也会产生不安的感觉。

事实上，告别纸尿裤后的一段时间里，很多孩子小便的次数会增加。当然，尿裤子的情况也会变多，有时父母会忍不住责骂孩子，但这是每个人在成长过程中一定会经历的。

如果你不介意地板总被弄脏，也不介意多洗几件衣服，那么你可以在刚开始进行如厕训练时就给孩子脱掉纸尿裤。在炎热的季节，很多父母甚至不给孩子穿纸尿裤。

什么时候让孩子告别纸尿裤最终还是要由父母决定。市面上有如厕训练裤，虽然训练裤多少还是有点儿漏尿，但父母也可以买来让孩子试一试。

◎ 成功的诀窍是不慌不忙

有时如厕训练进行得很顺利，但孩子还是会尿裤子，或者因为玩得入迷而忘记告诉大人想要小便，或者在天气变冷后又退步了等，这些都是正常现象。特别是在生了病或者有了弟弟妹妹后，孩子又重新穿上纸尿裤的例子屡见不鲜。

不光如厕训练，所有生活能力训练都会一波三折，"在卫生间大小便"是成年人的规则，年幼的孩子并不理解为什么必须这么做。"和妈妈说要嘘嘘会得到表扬""不想挨骂"等才是孩子学习如厕的理由。父母切勿急躁，以孩子 3 岁前学会如厕为目标，心平气和地帮助孩子掌握如厕能力吧！

睡　眠

◎ 睡前情绪要稳定

有些父母觉得孩子白天玩累了，到了睡觉时间自然就能很快入睡，但孩子也有不同的类型，有的孩子需要很长时间才能睡着。

在婴儿期，孩子一喝完奶就会立刻进入梦乡，但到了 2 岁左右却总是磨磨蹭蹭，不肯乖乖睡觉。有时父母甚至觉得孩子在婴儿期照顾起来更轻松。

很多孩子都养成了爸爸或妈妈不在身边就睡不着，或者不抱着毯子或玩偶就睡不着的习惯。因为 2 岁孩子的情绪分化程度已经非常高了，这是婴儿无法比拟的，所以这样的睡眠习惯对他们安心入睡是非常必要的。如果孩子提出陪睡的要求，父母要尽量满足他们的要求。当孩子有了充足的安全感后，他们自然就能一个人睡觉了。

◎ 陪睡有利于情感交流

有些育儿书认为，父母陪孩子睡觉不利于孩子独立，会使孩子变得娇气，过于依赖父母，所以父母尽量不要这样做。但如今，随着育儿方式的多样化，父母陪睡的优点又被很多人提及：听父母用温柔的声音安抚自己、读故事，感受着父母的体

温入睡，可以带给孩子无可比拟的愉悦感和安全感。

特别是在白天父母因为工作和孩子分开的情况下，在孩子睡前，父母一定要和孩子有一段亲密接触的时间。孩子睡着后，父母可能仍要做家务或处理工作。经过一天的忙碌，一旦陪孩子躺下，父母也很容易昏昏欲睡，想要从舒适的被窝里爬出来相当困难。尽管陪伴孩子睡觉有一定的好处，但很多父母还是希望孩子能够一个人睡觉，我想原因就在于此。

那么，索性把全家人的生活模式调整为早睡早起型如何？父母晚上和孩子一起早睡，清早起来做家务和处理工作。毕竟父母不能一直勉强自己，而且早睡早起也是健康的生活方式。

◎ 睡眠仪式就像安定剂

经常有人问我，孩子睡前一定要吮吸手指、咬毛巾，或者身边没有喜欢的毯子、枕头、毛巾就睡不着，这是否代表孩子的需求没有得到满足？其实父母完全不用担心，这只是因为孩子需要睡眠仪式。父母不要强迫孩子改掉这些行为，只要耐心等待，它们就会自然消失。

　　也有的孩子必须吮着奶嘴才能入睡，因此许多父母为了让孩子顺利入睡，会在孩子睡前将装有牛奶或果汁的奶瓶拿给孩子。但牛奶和果汁会导致蛀牙，而且如果孩子睡前喝太多液体，半夜小便就会变多，孩子就有可能尿床。因此，这个习惯是父母必须帮助孩子慢慢改掉的。

◎ 如何应对孩子夜里突然惊醒？

孩子从婴儿期进入幼儿期，不再半夜大声啼哭后，父母刚松了一口气，却发现孩子又开始在夜里突然惊醒，仿佛在害怕什么似的哭闹个不停。其实只要让孩子彻底清醒，他们便会平静下来，再次入睡。

如果孩子在白天受到过于强烈的刺激，到了晚上就会做噩梦。如果孩子的请求频繁遭到大人拒绝或孩子被严厉训斥，这些刺激就会进入孩子的潜意识，导致孩子在夜里突然惊醒。孩子原本安安静静地睡着，突然哭起来，而且浑身发抖，有些父母会以为孩子大脑出现了异常，吓得赶紧带孩子去医院就诊。

孩子持续出现夜里突然惊醒的现象在医学上被称为"夜惊症"。出现这种现象后，父母有必要关注一下孩子的日常生活，并反思自己的教育方式是否有问题。白天让孩子尽情玩耍，帮助他们消除紧张情绪；晚上睡觉前不要责骂孩子。此外，孩子午睡时间是否过长、作息是否不规律等，父母都需要一一排查，必要时带孩子就医。

夜里突然惊醒的现象会随着孩子的成长消失。如果孩子半夜突然哭起来，父母一定不要把他们晾在一边，抱着孩子温柔地安抚，让他们再次安稳地入睡吧！

◎ 晚睡行为增加

如今，孩子的睡觉时间普遍变晚了。曾经，2岁孩子普遍的作息时间是早上6点起床，晚上8点就寝；但现在，过了晚上10点还不睡觉的孩子多了起来。影响孩子睡觉时间最主要的因素是父母，比如孩子要等爸爸回到家才去睡觉，或者因为妈妈回家的时间晚而推迟吃晚饭的时间，从而睡觉时间也跟着推迟。

如果想纠正孩子的晚睡行为，父母就要先帮助孩子养成早起的习惯，孩子在早上8点之前必须起床。如果父母想让孩子睡足11小时，那么在晚上9点之前，孩子就必须入睡；如果孩子早上赖床到很晚，那么晚上无论多早躺在床上，他们也很难入睡。

如果有人在隔壁开心地看电视，而自己被关在漆黑的房间里睡觉，我想就算是大人也无法做到安然入睡吧。因此，在孩子睡着之前，大人也要为孩子营造睡觉的氛围。

　　当然，2 岁孩子的睡眠时长也因人而异。有的孩子即使白天睡午觉，晚上也能睡够 12 小时；而有的孩子虽然晚上睡得少，但白天精力充沛。如果孩子起床不拖沓，白天也很有精神，父母就可以认为孩子睡眠充足，无须太过在意孩子的睡眠时长。

　　虽然早睡早起对孩子来说是最有益的，但有些家庭确实很难做到这一点。在有些家庭中，由于父母工作时间特殊，一家

人都养成了昼夜颠倒的作息。当然，坚持让孩子在同一时间早睡的父母另当别论，如果你做不到，建议把孩子的睡觉时间控制在一个时间段内，这样做对你和孩子的健康都有好处。孩子上幼儿园后也会形成固定的作息模式，即使不愿意，父母也不得不配合孩子的作息模式。

　　你是否坚持让孩子午睡？午睡能够有效消除身心疲劳，请尽量让孩子养成午睡的习惯，午睡 1 ~ 1.5 小时为宜。父母要帮助孩子养成良好的午睡习惯。如果孩子午睡时间太迟，或者睡得太久，到了晚上就会很难入睡。

饮　食

◎ 孩子能自己吃饭吗？

到了 2 岁，孩子就应该能用勺子自己吃饭了；快 3 岁时，他们应该学会了用筷子，不过他们可能还用得不熟练，可能会将饭菜洒得满地都是，或者把杯子打翻……虽然收拾起来非常辛苦，但父母还是应该对此多一些耐心。

如果父母因为不喜欢孩子将餐桌弄得乱七八糟就总是喂孩子吃饭，那么孩子永远也不会有进步。看到孩子用手抓着东西吃，父母也不要大惊小怪，可以状似不经意地把勺子和叉子递给孩子，告诉孩子："厉害的小朋友都用这个吃饭！"

如果孩子对筷子产生了兴趣，父母可以准备没有尖头的学习筷，并教给孩子正确的拿筷子方法。比起塑料筷，木质的筷子不易打滑，更适合孩子。使用筷子可以提高孩子手指的灵活性，促进孩子大脑发育。但请注意，如果孩子学不会也千万别勉强，让他们愉快地享用每一餐才是最重要的。

◎ 孩子边玩边吃怎么办？

2岁的孩子很容易养成吃饭时到处乱跑或边看电视边吃饭的习惯。你家是不是也经常出现大人追着孩子喂饭的情景呢？虽然这样做能让孩子吃饱，然而，孩子一旦意识到即使自己一

直玩也会有人喂饭，就会越发地肆无

忌惮。

　　如果孩子真的饿了，他们就不会

在吃饭时分心，而会专心地吃。孩子

之所以边玩边吃，要么是因为已经吃

饱了，要么是因为根本不饿。所以父

母要将吃饭的时间控制在 20 分钟左

右，一到时间就迅速收拾餐桌。有的

妈妈嘴上说着"再不好好吃饭妈妈就收走了"，却依然追着孩

子喂饭。说收走就立马收走，之后即使孩子喊饿父母也不要给

他们吃东西，要坚决让他们等到下一餐再吃。

　　经常有父母觉得孩子只吃了一点儿饭，两餐之间肯定会

饿，就给孩子吃很多零食。这样做的话，在下一餐中，孩子又

会边玩边吃，所以父母要极力避免给孩子吃零食。如果观察那

些只顾着玩、一点儿都不吃饭的孩子，我们就会发现，他们不

是一天到晚吃零食，就是用喝牛奶和饮料代替喝水。

孩子养成良好的饮食习惯必须以良好且规律的生活节奏为基础。父母定好吃饭（和吃零食）时间后，就不要在其他时间给孩子吃东西。如果孩子在家里很难忍住不吃零食，父母可以提前准备好下一餐的饭菜，先让孩子在外面玩个够，回家后马上吃饭，这样就能防止孩子在家吃很多零食。当然，吃饭时最好不要开电视，这也需要其他家庭成员的配合。为了让孩子养成好习惯，所有家庭成员要对此达成一致。

◎ 孩子不爱吃饭怎么办？

很多妈妈抱怨"我家孩子不爱吃饭"，但只要留心观察，我们就会发现，孩子并不像妈妈担心的那样饭量很小。很多时候孩子其实吃得很多，大多数情况下，"孩子不爱吃饭"只不过是"孩子的饭量没有达到妈妈的期望"。

从妈妈的角度来看，自己好不容易做好了饭菜，自然希望孩子尽可能地多吃，最好全部吃光。但是，如果一直按照自己的期望要求孩子，饮食问题就会接踵而至。如果孩子出现饮食问题，父母有必要反思一下自己的育儿方式，并及时改正，以免问题变得严重。

我们知道，食欲是由中枢神经控制的，如果吃饭的时候气氛太压抑，孩子情绪不稳定，就会抑制孩子的摄食中枢，导致孩子食欲不振。父母应该明白，吃饭并不是一项严肃的任务，而应该是一段伴随着笑声的、可以增进亲子关系的欢乐时光。父母要摆脱"不让孩子吃这么多就不行"的想法。

"孩子最近好像瘦了，是不是发育有问题？"许多父母都有这样的担心。2 岁孩子的运动量增加，他们不再像婴儿那样胖乎乎的，个子长高了，也变瘦了。当然，2 岁孩子的体重增长幅度也不像婴儿期那么大。如果孩子只是有点儿瘦小，但精神好，身体发育没有明显滞后，就说明孩子摄入的营养足够了，父母无须太在意。

◎ 孩子挑食怎么办？

除了吃得少之外，父母还会担心孩子挑食。什么都吃自然有益于健康，但即使是成年人也很少有不挑食的。有的孩子讨厌一切含蛋白质的食物；有的孩子不吃蔬菜，不管是用什么方法（如煮、烤）烹制的蔬菜，孩子都不吃……这些情况就属于偏食，会影响孩子的身体发育，父母需要及时介入。一般来说，如果孩子只是不吃生的蔬菜，或者不吃胡萝卜、青椒、洋葱等特定种类的蔬菜，或者不喜欢吃鱼但吃肉，父母就不用担心孩子出现营养不均衡的问题。

　　真正应该令父母忧心的是孩子上了幼儿园、小学以后仍然有比较严重的挑食问题。孩子挑食确实会造成问题，所以父母可以在烹饪上多下功夫，或者经常给孩子积极的暗示，营造轻松愉快的用餐氛围。

　　父母没必要强迫孩子什么都吃，用含有相同营养素的其他食物代替就可以了。如果孩子不吃青椒，但吃西兰花和菠菜，就没有任何问题。

　　自从越来越多的媒体报道"越来越多的孩子不咀嚼食物，

维生素

蛋白质

矿物质

而是直接吞下去"，父母似乎对"要不要让孩子多吃有嚼劲食物"的问题过于在意了。凡事切忌急躁，孩子咀嚼能力的提高是一个循序渐进的过程。另外，不要因为孩子一两次说不喜欢某种食物就再也不给他们吃这种食物，这样做会使他们的日常饮食变得单一。2岁的孩子可能昨天不喜欢某种食物，今天又吵着要吃，父母不能仅凭孩子一两次的表现，就断定孩子挑食。

孩子可能会对吃不惯的东西感到害怕或抵触，所以父母应尽量让孩子尝试各种各样的食物。父母与其担心孩子挑食，不

如将注意力转移到多给孩子开发新菜式上来，这样做还可以为育儿增添乐趣。

◎ 孩子暴饮暴食怎么办?

有些孩子属于易胖体质，但他们是否患有肥胖症，需要去医院请医生进行诊断。也有饭量很大却不会变胖的孩子。

如果孩子吃得很多，特别是会吃大量零食，父母就有必要调整他们的饮食习惯。如果孩子每天都觉得无聊，不能专心玩耍，不满的情绪逐渐累积就会导致他们暴饮暴食，以至胃被撑大，长此以往就会形成恶性循环，影响孩子的身体健康。

要想打破这个循环，就要让孩子充分体会吃以外的乐趣，比如白天父母可以和孩子一起到户外活动。孩子的作息，特别是吃饭的时间要有规律，父母要帮助孩子养成吃饭时细嚼慢咽的习惯，孩子懂得细细品味食物的味道后，就能在一定程度上控制食量了。

穿脱衣服

◎ "自己做"是独立的第一步

过了2岁，很多孩子就想要自己穿脱衣服了。他们暂时还不能很顺利地穿衣服，但是应该很擅长脱衣服。在洗澡之前或在换睡衣的时候，让孩子自己脱衣服，他们会很高兴。所以，如果孩子想要自己脱衣服，即使会多花点儿时间，父母也不应拒绝，让孩子学着自己做吧！同时，父母还可以教孩子将脱下的衣服叠整齐。

有时，孩子非要自己脱衣服，却拖拖拉拉的，父母不由得着急起来，特别是在早上急着送孩子去幼儿园或在洗澡之前，很多父母会忍

不住帮忙。**但是，产生"自己做"的想法是孩子走向独立的第一步，独立意识受到重视和被不小心扼杀的孩子在个性发展上会有很大的不同。**所以，如果孩子提出自己做，原则上父母最好放手，尊重孩子的意愿。

◎一切看心情——有时独立，有时黏人

昨天还坚持自己穿衣服，今天却撒娇说"妈妈给我穿嘛"；

妈妈帮忙穿到一半，孩子就跑了；把穿好的一只袖子脱下来……孩子的这些行为就像在捉弄大人一样。此时，妈妈如果发脾气，只会助长孩子的恶作剧心理，所以不妨对孩子说"等你想穿衣服了再告诉我吧"，然后离开去做别的事情。相信过一会儿孩子就会跑过来求助了。

另外，当孩子撒娇要父母帮忙穿衣服的时候，先别急着拒绝说"你明明可以自己穿"，要注意观察是否有导致他们想撒娇的因素，并帮助他们消除这些因素。

由于孩子十分渴望父母的关注，希望父母多陪自己玩耍，所以有时（不只在穿脱衣服时）会故意做出让父母为难的行为。遗憾的是，父母不一定总能满足孩子的期望。如果时间充裕，父母要尽可能地尊重孩子的意愿；如果时间实在不允许，父母就要跟孩子说明原因，请孩子配合。**只要父母用简单的语言好好地解释，2 岁的孩子还是能明白父母的难处的。但是，倘若一切都按照父母的意愿来，这对孩子的成长绝对没有好处。**

如果孩子持续做出让父母为难的行为，父母就有必要审视一下与孩子的日常相处是否出现了问题。

◎ 及时肯定孩子的独立行为

即使鞋子穿反了，裤子穿倒了，扣子扣错了，袜子的后跟穿到了脚背，只要孩子独立完成了，父母就应该予以肯定。如果有需要改正的地方，父母可以温和地指出来，如"鞋子侧面鼓起来的地方要朝外"。

父母可以准备一些孩子能独立穿上的、样式简单的衣服。为了帮助孩子分清楚衣服的前后，父母可以在衣服的前面缝上一个清晰的标志，比如纽扣或者蝴蝶结；没有时间的话，用油性笔在衣服的前面画个圆圈或者动物的脸也可以。上衣的样式要简单，扣子的扣眼要尽量大一些。父母可以通过这种方式默默地支持孩子独立意识的发展，守护他们健康成长。

　　如果孩子想自己做，父母却总是忍不住帮忙，那么孩子就不容易实现真正的独立。不局限于穿衣服，只要孩子提出"自己做"并完成了，不管结果如何，父母都要表扬他们。表扬是一种正向反馈，孩子受到表扬后会非常满足，充满干劲。**等孩子再大一些，父母就要将育儿的重点转向培养孩子独立自主的能力，这项能力不是在幼儿园和学校能够学到的，而是从家庭日常生活琐事中学到的。**

　　孩子提出"自己做"是一个难得的机会。他们会经历"想做→试着做→成功做到"的过程，相比父母强行培养孩子独立自主的能力，让孩子亲身体会"付出就会得到回报"，是更有成效的教育方法。

我想强调一下，无论做什么事情，强迫都是大忌。如果孩子没有干劲，父母再怎么逼迫他们也不会有正向的结果。另外，如果孩子提出"自己做"却中途放弃，并向父母寻求帮助，父母应该爽快地答应，千万不要对孩子说："你看，反正穿不上，一开始你就应该让妈妈 / 爸爸帮你。"

◎ 允许孩子自己搭配衣服

在孩子 2 岁之前，他们每天起床之后穿什么衣服通常都由

妈妈决定。但是快3岁的孩子已经能够熟练地自己穿衣服，几乎不需要妈妈帮忙，并且对穿什么衣服也有了自己的主意。刚学会穿衣服时，孩子可能并没有搭配衣服的能力，妈妈只需引导孩子先穿内衣，再穿上衣、裤子和袜子，让孩子了解穿衣的顺序即可。从婴儿期开始，孩子就对衣物很感兴趣，他们很喜欢拉开抽屉把里面的衣物都拽出来。孩子2岁后，父母就不应该再一味地把自己的穿衣品位强加给孩子了，要允许孩子穿印有自己喜欢的卡通形象的衣服和裤子，并教他们如何进行颜色搭配、如何选择符合季节的衣服，以及如何正确穿戴。

清 洁

◎ 培养孩子勤洗手的习惯

从孩子 2 岁开始，父母最好让他们养成外出回家、上完厕所和饭前洗手的习惯。对孩子来说，洗手就是玩水，他们会开开心心地去洗手。

父母可以在洗手池前放一个垫脚凳，让孩子站在上面洗手。不过，因为孩子自己还不能把手洗干净，所以父母要帮助他们，可以用"把坏细菌全部消灭干净！""小手手变干净了，真好看！"之类的话鼓励孩子，之后再慢慢告诉他们为什么要洗手、洗手并不是玩水等。

孩子能否养成勤洗手的习惯受到父母的影响。如果父母爱干净，做事井井有条，那么孩子就容易养成勤洗手的习惯。如果父母都比较散漫，孩子也极可能变成不注意个人卫生的人。

现在，越来越多的父母因为不喜欢孩子弄脏手而禁止孩子玩沙子或玩泥巴，这样做会压抑孩子的天性。然而，如果孩子不认真洗手，手上携带的细菌很容易成为感染源导致他们生病。所以，父母对培养孩子洗手习惯的态度无论是太严苛还是太漫不经心都不可取。

◎ 要求孩子认真洗脸

早上，大人都想以神清气爽的精神状态开始新的一天，孩子也是一样的。2岁的孩子还不会自己洗脸，所以父母可以帮助他们养成用湿毛巾擦脸的习惯。当然，2岁的孩子也拧不动湿毛巾，父母可以先帮孩子拧干毛巾，然后将毛巾递给他们，让他们自己擦脸。如果孩子能站在垫脚凳上自己洗脸就更好了。

快3岁时，孩子就能自己洗脸了，但他们可能会弄湿袖口，或者把水溅到卫生间的地板上，搞得一片狼藉，但这也是他们独立意识萌芽的表现。父母只需耐心等待，随着时间的推移，孩子洗脸就会越来越熟练。当然，告诉孩子如何做不会把睡衣弄湿、教孩子洗脸方法和技巧也是很重要的。

在孩子独立洗完脸，或用湿毛巾擦完脸后，父母要高兴地夸奖他们："哇！洗得真干净，真精神！"在孩子不愿意洗脸的时候，父母可以拿来孩子喜欢的玩偶，并模仿玩偶的语气对孩子进行引导："听说你眼睛周围不舒服啊，来，我帮你洗脸

吧！"这样做往往比较有效。

◎ 洗澡时开心最重要

孩子一般都很喜欢洗澡，但在玩得太投入、太累或太困的时候，他们也可能不愿意洗澡。

浴室是清洁身体的地方，对大人来说它是放松的场所，对孩子来说则是绝佳的玩水场所。不管怎么说，只有在洗澡时感到开心愉悦，孩子才会愿意洗澡，喜欢洗澡。平时工作很忙、没有时间陪孩子的父母应该充分利用这段时间。2 岁的孩子已经能断断续续地复述白天发生的事情了。但是在孩子洗澡时，不要对他们不喜欢的事情刨根问底，或对他们白天犯的错进行批评；也不要在和他们交流时使用"第一……""第二……""第三……"这种生硬的说教式语气，这些都会破坏孩子对洗澡的愉快印象。

父母可以用卡通造型的分装瓶来装洗发露和沐浴露，并准备一些漂浮玩具，这些都能让孩子洗澡时更乐在其中。

　　这个年龄段的孩子几乎都不喜欢洗头发。很多父母还会像对待婴儿那样让孩子在洗头发时面朝上躺在自己的腿上，以避免洗发露和水接触到孩子的眼睛。但随着孩子身体发育，这种方法让父母和孩子都觉得不舒服。

　　于是，一些父母会让孩子弯腰低头，用花洒从他们的头顶上冲淋。父母如果担心孩子被水或泡沫弄得不舒服，也可以给他们戴上洗发帽。如果泡沫进了孩子的眼睛、鼻子或耳朵，他们可能会因此讨厌洗头发。

　　此外，因为孩子是闭着眼睛的，他们不知道父母在做什么，所以会感到害怕，这也是绝大多数孩子不喜欢洗头发的原因之一。父母可以一边洗一边告诉孩子要做什么，比如"抹上洗发露啦，到处都是好玩的泡沫。""现在要冲水啦！"……这样孩子也许就不会感到害怕了。

　　2 岁的孩子可能想要自己洗澡，有些孩子甚至想帮父母擦背，当然，他们并不能真正地帮上忙，但父母还是要鼓励和表扬他们，并协助孩子洗澡。

　　如果孩子偶尔不愿意洗头发或洗澡，父母不应该逼迫他

们。"孩子实在不想洗就不洗了吧！"希望父母能以这样的心态来应对孩子偶尔的任性行为。

冬天天气寒冷，有些父母害怕孩子感冒，于是让孩子长时间泡热水澡，以温暖身体。但是和成年人相比，孩子身体变暖所需要的时间更短，所以他们没必要长时间泡热水澡。如果孩子脸颊发红，并对你说"我想出去了"，这就代表差不多该结束泡澡了。

◎ 培养孩子良好的刷牙习惯

2 岁之前，孩子会躺在爸爸或妈妈腿上，由爸爸或妈妈帮他们刷牙；但是到了 2 岁，孩子应该学习自己刷牙了。当然，一开始他们可能就像做模仿游戏一样，只是象征性地拿着牙刷蹭两下牙齿，父母要抓住孩子提出"自己做"的机会，让他们试着自己刷牙。有时，幼儿电视节目中小朋友刷牙的视频也会激发孩子自己刷牙的欲望。

父母的恰当引导能帮助孩子养成良好的刷牙习惯。如果孩子自己刷牙，不管能否刷干净，父母都应该予以鼓励，夸奖他们"刷得真好！"。2 岁的孩子刷牙时不必使用牙膏，或者在牙刷上涂一点儿儿童牙膏即可。此外，要注意保持牙刷的干净卫生。

预防蛀牙要从养成良好的饮食习惯开始。牙齿的最大"敌人"就是甜食，比如糖果和果汁，这些饮食中的糖会成为口腔

中细菌的养料。除此之外，薯片和其他一些零食中含有淀粉，如果食物残渣残留在牙齿上，一样容易导致蛀牙。除了注意不要给孩子吃太多甜食之外，父母还需严格把控孩子吃其他零食的量。当然，吃太多零食也是孩子挑食、不爱吃饭的原因之一，这点我在"饮食"部分也有所提及。

即便孩子养成了良好的饮食习惯，学会了自己刷牙，只靠这些也是不可能完全抵御蛀牙的。蛀牙是由附着在牙齿表面的牙菌斑（牙垢）引起的，牙菌斑是细菌的绝佳居所，细菌能分泌酸性物质，腐蚀坚硬的牙齿，最终使牙齿出现龋洞。也就是说，要想预防蛀牙，只要不使牙齿表面形成牙菌斑即可。但是，每次吃饭和吃零食后都让孩子刷牙有点儿困难。有些过于敏感的父母成天拿着牙刷追着孩子跑，孩子为了躲避刷牙而四处乱跑、反抗，被父母抓住也坚决不开口。长此以往，孩子很有可能产生逆反心理而故意表现得厌恶刷牙。

刷牙可以安排在起床后和晚饭后，一天两次。早上时间紧张，所以父母可以把刷牙的任务交给孩子，让他们自己刷牙；到了晚上，父母再仔细地帮孩子刷牙。父母可以让孩子躺在自己的腿上，把孩子口中的食物残渣清理干净。要重点关注上颌的牙齿，尤其是门齿和臼齿（孩子会陆续长出臼齿）。

　　牙缝可以用牙线来清洁，父母可以从小培养孩子使用牙线的习惯。

整 理

◎ 为什么要整理？

2 岁的孩子已经开始学着做各种事情了，比如吃饭、如厕、穿衣、清洁，虽然孩子做这些事时还离不开大人的帮助，但随着时间的推移，他们逐渐就可以做得很好了。所以，很多父母都认为是时候让孩子学着将自己的玩具收起来并放整齐了。

整理是一项十分重要的生活技能，教孩子整理是为了让孩子学会爱惜物品，培养孩子的责任感。一般来说，从小养成整理的习惯对孩子大有益处。

话虽如此，并非所有人都觉得整理是件令人愉快的事。成年人的行为往往具有目的性，因此许多父母都会对孩子说"不把玩具收好，明天就找不到了，就不能玩了"，实际上孩子并不能理解这些话的意思。**因为 2 岁的孩子只关注"眼前"的事物，在玩游戏的时候，手中的玩具无疑是他们最重要的东西，但是一旦游戏结束，孩子的注意力就完全转移了，至于明天能不能玩玩具根本不是他们所考虑的问题。**

◎ 让孩子在游戏中学习

那么，要怎样教 2 岁的孩子学习整理呢？正确的方法是让他们把整理当成游戏，让他们在游戏中学习。例如，父母可以让孩子扮演司机，把积木"运过来"，之后和他们一起收拾积木；

玩具箱

或者准备两个大袋子，对孩子说："我们比赛看谁先把袋子装满吧！"然后和他们一起把玩具装进袋子里。或者对孩子说："洋娃娃要睡觉啦，我们送她回家吧！"引导他们把洋娃娃收进玩具箱里。如果父母只是命令孩子："明天还想玩的话，就快收拾！""该吃饭了，快把玩具收好！"那么孩子很容易对整理产生抵触心理，不愿意主动收拾。

尽管在这一时期大部分整理工作可能仍要由父母完成，但是，通过看父母收拾玩具，孩子也能慢慢学会整理。只要孩子自己动手，哪怕只收拾了一两个玩具，父母也要予以表扬。**教养 2 岁孩子的诀窍是表扬，而非责备。**表扬能够帮助孩子建立自信，而且孩子非常喜欢看到父母的笑脸，获得表扬后，他们就会想做同样的事情让父母高兴。

在开始新的游戏前，有的父母会让孩子把用不到的玩具收拾好，然而对这个年龄段的孩子来说，这也是不合理的要求。**2 岁的孩子不断转移注意力是正常的现象，如果父母每次都让孩子先收拾玩具再开始新的游戏，孩子的兴致就会一下子减弱，就像鼓鼓的气球突然被放了气。**尊重孩子爱玩的天性，一点点教会他们整理吧。

◎ 对孩子的态度要始终如一

在养成习惯之前，孩子不会每次都愿意自己动手整理。也许他们昨天还开心地和父母一起整理玩具，但今天又做不好或者不肯整理。对孩子反复无常的表现，父母一定要宽容并且保持耐心，对孩子的态度要始终如一。如果父母总是逼迫孩子整理，孩子可能就不愿意再把玩具拿出来了。当然，看到玩具丢得到处都是、家里被弄得乱七八糟，父母不免会气上心头，要求孩子立刻收拾干净，但若是给孩子造成了心理负担，就会适得其反。

当孩子正玩得起劲，尤其是和朋友一起正玩得兴高采烈时，父母最好不要要求孩子收拾玩具，先让孩子开开心心地玩耍。有些父母经常会把玩具藏起来，或者假装做出要扔玩具的样子，对孩子说："要是你不收拾，我就把玩具扔掉了。""我把玩具送人了哟。"这也是有百害而无一利的做法。因为这样会使孩子产生"比起整理玩具，还不如直接扔掉"的想法，假如第二天这个玩具又出现了，孩子就会觉得妈妈/爸爸说话不算数。不仅仅是整理，对于这个年龄段的孩子，用"如果不听话就会受到惩罚"的方式管教，无法取得良好的效果。

◎ 教孩子整理要循序渐进

有些父母很有可能自己也没有养成好的整理习惯，直到要教孩子整理的时候，才开始关注这件事。于是他们每天唠叨着让孩子去整理玩具，却不教孩子整理的方法。

孩子的整理习惯在很大程度上受到父母的影响。有的父母认为，只要在房间中央腾出一块能够勉强坐下的空间就可以，也有的父母不把玩具架上的玩具按一定的顺序摆放就会坐立不安。即便是幼儿园的老师也分爱整理和不爱整理的。父母要尽可能避免在孩子面前表现得过于爱整洁或太邋遢，要给孩子树立良好的行为典范。

为了听到父母的表扬，孩子会尽可能努力地学习整理。但是，2 岁的孩子还没有分类的意识，他们不知道积木要放在积木箱里，图画书要摆放在书架上，沾了沙子的玩具要放在浴室。**孩子能做到这一点最早也要到 4 岁，通常，孩子在 5 岁左右才能学会分门别类。过早学会分类可能会压抑孩子的天性，限制他们的创造力，让孩子只顾着整理而忽略了玩耍。**有的孩子甚至因此产生了刻板行为，会花 1 小时把积木排列整齐。如此一来，孩子就不能尽情玩耍，也无法享受玩耍的乐趣了。**事实上，随着成长，过度注重整理的孩子在整理方面会表现得越来越具有强迫性，这不利于他们的健康成长。**

◎ 玩具不宜过多

毛绒玩具、洋娃娃、汽车模型、过家家玩具、拼图、积木、沙坑玩具、怪兽玩偶、玩具钢琴……现在的孩子拥有的玩具真是数不胜数，有的是爷爷奶奶送的，有的是出去玩时买的纪念品，还有的是爸爸出差带回来的礼物、妈妈亲手做的玩偶……有些孩子甚至有一两百个玩具。可想而知，这些玩具中必定有很多是孩子缠着父母买了，但孩子几乎从来没有玩过的。

孩子的玩具过多，父母收拾起来也很麻烦。父母不如把玩具分成几批，每隔一段时间就换一批玩具给孩子玩；或者将拼插积木、方块积木等可玩性高的玩具一直放在外面，并每隔一段时间更换一批玩具。

如果玩具太多，孩子就对每一样玩具都浅尝辄止，但如果只有几样玩具，孩子就会最大限度地利用现有的玩具，开发新的玩法，这样有利于培养他们的创造力。从这一点来看，偶尔让孩子玩一玩旧玩具是很有必要的。

在给孩子买玩具方面，有些父母明知不该溺爱孩子，却还是在不知不觉中对孩子有求必应，这种育儿态度也有必要纠正。

第3章

强健体魄，充实心灵

锻炼身体

◎ 多带孩子去户外玩

虽说这一节的标题是"锻炼身体"，但父母没必要让孩子进行特殊的体育训练，只要让他们尽情玩耍即可。玩耍，特别是在户外玩耍，让孩子呼吸新鲜空气，能使他们拥有健康结实的身体，锻炼他们的意志。

随着运动能力的发展，2 岁的孩子逐渐能够做各种各样的事，所以他们非常喜欢去户外玩。然而，和蹒跚学步的 1 岁孩子相比，2 岁的孩子活动范围更大，也更淘气。父母可能不知不觉开始嫌麻烦："傍晚买东西的时候顺便带他去公园玩一下就行了。"于是，孩子很有可能整个白天都待在家里。孩子没办法自己一个人出去，所以父母一定要积极地带他们出去玩。

在天气适宜的时候，上午和下午各出去玩 2 小时对 2 岁的
孩子来说是没问题的。然而在盛夏，父母要尽量避免在阳光强
烈的时候带孩子外出，最好在清晨或傍晚带他们出去玩，上午
可以在院子里或阳台上放一个充气泳池让他们玩水。在冬天，
如果阳光明媚，即使室外气温较低，父母也可以带孩子出去玩。

◎ 通过游戏锻炼孩子的身体

2 岁的孩子还不能很好地和朋友相处，即使他们去公园玩，

大多也只是独自默默地玩。孩子的爱好各不相同，有的孩子喜欢安静地在沙坑里堆沙子或玩泥巴、荡秋千等；有的孩子比较活泼好动，喜欢滑滑梯，玩单杠、双杠或爬攀爬架等。

如果孩子总是玩同一种游戏，父母可以先观察一会儿，然后询问他们："要不要试试别的？"但如果他们不愿意，父母绝对不能强迫他们，尤其不能说"别的小朋友都可以，就你不行"诸如此类的话。父母的一句话就能轻易浇灭孩子玩耍的热情。

　　父母可以在孩子面前开心地做示范，孩子看了自然就会产生强烈的兴趣，迫切地想要加入。父母开朗活泼，孩子通常也好动、有活力，这个道理我们都很清楚。

　　即使放任不管，孩子也会找到适合自己的游戏，但有时父母也可以略微加以引导。除了孩子都喜欢玩的捉迷藏、追影子、赛跑、开火车、玩纸飞机、拍球等简单的游戏之外，如果有大孩子或父母带领，孩子也会对"一、二、三，木头人""老鹰捉小鸡"等经典游戏感兴趣。

　　在户外玩耍时，父母必须注意孩子的安全。2 岁的孩子什么都想自己做，时不时就会离开父母的视线范围，所以父母要时刻注意防止危险和事故的发生。

◎ 让孩子多行走

　　2 岁的孩子差不多可以摆脱学步车了。如今大多数人都会乘坐汽车或骑自行车出行，和大人一样，孩子行走的机会也越来越少。脚被称为人体的"第二心脏"，行走对保持身体健康至关重要。即使会多花点儿时间，父母也应尽量和孩子一起步行去买东西或者去公园。

走在路上时，父母可以细致地对孩子进行安全教育，比如"外出时要紧紧地抓住大人的手""大人走在靠车道的一侧，宝宝走在内侧"……父母要反复强调在路上乱跑的危险性，培养孩子的安全意识。即使孩子还不能理解，父母也要一直强调，因为即使有多个成年人在场，事故也难以避免。例如，父母在路上碰到熟人，有时聊天入了迷，孩子就在周围自己转来转去，这是极其危险的。

孩子如果觉得走路很无聊，就会撒娇缠着父母要抱、要回家。父母可以边走边和孩子聊天或者唱歌，营造愉快的氛围，每一次和孩子出门散步都定一个明确的目标，比如走到对面的街角去看小狗，走到

轨道那里去看电车，这样就能激励孩子多走路。天气好的时候带上水、零食等，和孩子去稍微远一些的地方散步也是不错的选择。

◎ 少穿衣服可以增强孩子的抵抗力

在孩子还是婴儿时就尝试过"抗寒训练"的父母是不是因为孩子总感冒就半途而废了呢？相比成年人，孩子在白天的活动量很大，因此少穿一件衣服也没关系。父母可以时不时摸一摸孩子的后背，如果他们出汗了，就让他们脱掉一件衣服。

在日本，经常能看到只穿一件T恤在寒冷的室外快乐玩耍的孩子。其实，这个年龄段的孩子本来就喜欢穿薄衣服，他们经常玩着玩着就把袜子和外套脱下来扔在一边，父母不必对此太过关注。**让皮肤直接接触空气有利于孩子适应寒冷的天气。这样做不仅有利于孩子的皮肤健康，他们的内脏器官也会越来越强健。**如果孩子不反感，父母可以像做游戏一样，在孩子洗完澡后用凉水为他们冲洗身体；也可以在早晚换衣服的时候用干布或干燥的手掌在孩子的皮肤上用力摩擦，这两种方法都能提高孩子皮肤的适应能力。坚持对孩子进行"抗寒训练"吧。

陶冶情操

◎ 带孩子亲近自然

虽然每个孩子都喜欢去户外玩，但想让他们注意到自然界的事物，并懂得欣赏大自然，还需要父母的引导。例如，父母可以温柔地启发孩子感知自然和四季的变化："哇，花开得多漂亮啊！""看，一只小蝴蝶！""你瞧，蚂蚁在运送它们的食物。""天上的云朵像不像一只山羊？"……和孩子一起播种、培育植物，或者让孩子采一朵野花送给其他家庭成员，或者准备一点儿面包屑和孩子一起去喂池塘里的小鱼，通过这些方式来让他们获得丰富的情感体验吧！

父母还可以让孩子赤脚踩水、踩泥巴，感受凹凸不平的沙石路、松软的土壤等，前提是一定要保证孩子的安全。当然，如果孩子不愿意，父母也不要勉强，等孩子有兴趣了再鼓励他们去尝试。让孩子亲近自然、观察自然，启发他们产生感悟，这是培养他们良好情操和生活情趣的第一步。

◎ 在游戏中培养孩子的良好情操

无论是户外游戏还是室内游戏，都能提高孩子的运动能力，对培养他们的审美、想象力、动手能力、创造力也大有帮助。所以，父母要多探索和尝试有利于孩子身心发展的游戏。

随着双手变得灵巧，2岁的孩子会沉迷于尝试各种各样的新游戏。只要游戏不会给他人带来麻烦或存在危险，父母就可以让孩子尽情享受游戏的乐趣。我在前文中已经提到了一些户外游戏，在此不做赘述；而最具代表性的室内游戏包括过家家、画画、剪纸、搭积木、玩拼插积木、捏黏土等。

过家家

2岁的孩子好奇心旺盛，会对父母和周围大人的行为表现出极大的兴趣，因此经常模仿大人。过家家之类的模仿游戏是这个年龄段孩子极其喜欢的游戏。虽然孩子暂时还不能和其他小朋友融洽地玩耍，但是他们可以独自玩过家家，或和父母一起玩。

　　2 岁孩子的过家家内容还仅限于用杯子假装喝果汁、转动圆盘扮演公交车司机、搭积木假装做蛋糕等；过了 4 岁，孩子就可以和朋友一起扮演家庭成员、模拟家庭生活场景了。2 岁孩子的模仿行为是在为他们在下一个阶段充分发挥模仿能力、和朋友尽情玩耍奠定基础。

搭积木

搭积木是大多数孩子都很喜欢的游戏之一。2岁前,他们只会将2~3块积木垒起来,而现在他们能将更多的积木垒起来,甚至能用更细长、更小的积木搭建房子等。孩子还会用积木搭建加油站或其他公共设施,并玩模仿游戏。

"这里需要一块正方形的积木。""房顶是三角形的呀!""拿一块红色的积木吧!"……父母可以通过这样的方式来引导,让孩子对颜色和形状产生兴趣。

玩拼插积木

这个年龄段的孩子适合玩比较大的拼插积木。父母可以为孩子做示范,让孩子模仿。如果孩子拼不好,父母可以帮忙。父母和孩子可以为拼插好的作品起名字,如"电车""我们的家"等。看到自己拼插好的积木和父母拼插好的积木能够组合在一起,孩子会非常高兴。

捏黏土

捏黏土是孩子最喜欢的游戏之一。父母无须特意购买儿童黏土,有面团就足够了。面团柔软安全,孩子不小心吃进嘴里也不会有危险。

父母可以参考制作薄煎饼的面粉和水的配比制作面团：在碗里放入面粉，加水混合均匀，直至面团柔软、有点儿黏手即可。黏糊糊的触感也许会让孩子觉得很新奇。即使捏不出什么特别的形状，只是摸一摸、揉一揉，对孩子来说也是有趣的体验。当然，你也可以专门购买儿童黏土、橡皮泥等。

剪纸

许多父母都不允许小孩子用剪刀，因此，当被允许用一把圆头、大手柄的儿童专用剪刀时，孩子会觉得自己长大了，感

到非常骄傲。让孩子随心所欲地剪纸，充分发挥想象力吧！让他们的想象力像气球一样不断膨胀，像鸟儿一样在天空自由自在地飞翔。

其他游戏

试着和孩子一边唱儿歌，一边玩手指游戏或者手影游戏。有些游戏很适合作为下雨天的室内游戏。

◎ 陪孩子看图画书

有的孩子刚学会坐就开始接触图画书了，但也有的孩子到了 2 岁还几乎没有看过图画书。2 岁孩子的阅读量有非常大的个体差异，**所以不要纠结孩子应该读多少本图画书，让他们凭自己的兴趣阅读就好。**

好奇心旺盛的孩子大都很喜欢看图画书。陪孩子看图画书时，父母可以问他们："这是什么？"孩子会得意地将知道的答案说出来。反过来，当孩子问父母"这是什么？"的时候，父母应该不厌其烦地回答他们"这是猫""这是警车"……

对于能长时间安静地听故事的孩子，父母可以挑选故事性强、情节简单易懂的图画书读给他们听，读的时候最好声情并茂，尽量将自己代入故事的角色中，通过音调高低来区分不同角色。

2 岁的孩子喜欢重复，因此会要求父母反复读同一本图画书。有时，父母读腻了就会说"换一本书吧"，但最好把一本图画书读到孩子能背诵下来的程度。孩子记住全文后，就会在听的时候聚精会神地"检查"父母是否读得一字不差，并乐在其中。

当然，也有喜欢阅读百科全书或图鉴的孩子。不管孩子爱读什么，父母都可以和他们一边聊天，一边享受愉快的阅读时光。

◎ 和孩子一起快乐地画画

给孩子铅笔或蜡笔，让他们在画纸上自由地写写画画。但是，由于2岁的孩子还不能随心所欲地控制手指，所以他们很容易画到地板和桌面上。另外，家里的门、墙壁等很容易被孩子画得到处都是，清洁起来非常麻烦。大面积地贴上容易更换的墙纸或许是一个好的解决方法。

2岁的孩子只会画杂乱的线条，但画着画着，某一天他们偶然画出的形状和他们脑海中的某个形象重叠起来，于是他们就会给画出的形状赋予意义（起名字）。父母不要理所当然地教孩子"要这样画"，让他们自由挥动画笔吧！**被灌输画法的孩子也许会更快地学会绘画技巧，但是他们也会丧失想象力，感受不到随心所欲写写画画的乐趣。**

　　有些心理学家能通过一个人的画作来判断他的心理状态，孩子的画也可以反映他们的心理状态。**孩子在烦躁不安时，会把情绪发泄到画中；当他们情绪平和时，他们会享受绘画，心灵也会得到滋养。**

　　父母如果会唱绘画儿歌，可以一边唱儿歌，一边和孩子一起画，和孩子一同度过温馨愉快的亲子时光。2 岁的孩子通常不会正确握笔，他们大都将蜡笔攥在掌心，像握着一根棍子一样拿笔，父母暂时还不需要纠正孩子的握笔姿势。

◎ 如何利用电视？

近些年，电视对育儿的影响越来越少被提及，或许是因为电视作为现代人生活中不可或缺的重要媒介之一，已经深深扎根于每个家庭之中了吧。

如果电视整天开着，孩子一定会被牢牢"钉"在电视前一步也挪不开。但是，倘若方法得当，电视也能成为优质的育儿工具。不得不承认，电视的确在父母忙于做家务和处理工作时

充当着保姆的角色。

　　在条件允许的情况下，多陪孩子一起看电视吧，特别是看幼儿节目。父母要仔细观察孩子观看节目时的反应，在节目结束后和他们讨论节目的内容。但这不是为了考验孩子的记忆力，而是为了了解他们对节目内容是否理解。"那个孩子是怎么想的呢？"这样提问可以培养孩子的同理心，让他们懂得设身处地地为他人考虑。

　　据统计，看电视时间最长的是 1 ~ 2 岁的孩子。孩子一天看多长时间电视比较好？这个问题很难回答，但我们可以大致估算一下：如果孩子玩耍（特别是在户外玩耍）的时间是 3 小时，那么其看电视的时间控制在 1 小时以内比较合适。不要一直开着电视，在孩子要看的节目结束之后马上关掉电视。

　　如今，网络上有大量面向幼儿的视频，父母如果希望孩子安静下来，可以放一些画面优美、配乐旋律动听的视频来吸引他们的注意力。然而，完全用看电视和网络视频代替玩耍是不可取的。

◎ 关于听音乐

从婴儿期开始，孩子就非常喜欢音乐，会随着旋律有节奏地摆动身体。让孩子听童谣是很好的培养孩子旋律感的方法，但是现在很多孩子都不唱童谣了。父母一定要亲自唱童谣给孩子听，而不能只给孩子播放童谣的视频或让他们看电视。慢慢地，孩子就能和父母一起唱了。一起听音乐、唱童谣的亲子时光对培养孩子的节奏感和旋律感大有裨益。

从孩子2岁开始，父母就可以让他们学习《小白兔》《两只老虎》等童谣了，并和孩子一起一边唱童谣一边做动作。起初，孩子可能做得不太好，但父母可以和他们一起反复练习。

父母可以从孩子婴儿期开始一边唱童谣，一边握着孩子的手做动作，到了 2 岁，孩子就能自己边唱边做动作了。

◎ 让孩子多接触小动物

孩子都很喜欢动物，看到图画书上和电视节目中的动物时，他们会流露出明显的喜爱之情。有宠物陪伴自然再好不过了，但是如果养了宠物后，父母发现照顾不过来就要把宠物送走甚至抛弃，孩子一定会很伤心，所以如果条件不允许，最好不要养宠物。

如果家里不能养宠物，父母可以带孩子去动物园，或者在散步时让孩子亲近路上的小猫小狗。当然，也没有必要总去动物园，去附近公园看看兔子、乌龟、小鸟、小鱼也不错。鼓励孩子抚摸或抱一抱小动物。

◎ 选择玩具的方法

2岁的孩子一天大部分时间都在玩。玩耍是他们生活的重心，在各种游戏中他们的身心得到发展。玩具在游戏中发挥着不可替代的作用。玩玩具能提高孩子的思维能力，锻炼他们的运动能力，培养孩子的感性认知。父母要给孩子选择合适的玩具，让孩子自己探索玩具的玩法并开发新的玩法。

玩球可以锻炼孩子身体的灵活性，并提高各项身体机能。除此以外，许多2岁的孩子还很喜欢玩具车。搭积木、捏黏土、剪纸、画画、折纸、玩沙子、玩水等都是激发孩子创造力的好选择。玩洋娃娃、过家家及阅读图画书等可以培养孩子的语言能力和社交能力。

选择玩具时要注意以下几点：

① 要选择适合孩子发育阶段的玩具；

② 要选择孩子感兴趣、喜欢玩的玩具；

③ 要选择安全干净的玩具；

④ 要选择玩法多样的玩具；

⑤ 要选择结实不易坏的玩具。

把日常用品作为玩具也是2岁孩子的"特长"。父母可以引导孩子开发各种各样日常用品的"玩法"。比如，纸箱可以当作汽车、房子，还可以用来玩捉迷藏。父母的衣服、桌布等可以用来玩变身游戏。这些玩法都可以激发孩子的想象力，也很值得推荐。

当孩子面对新玩具不知如何玩的时候，父母可以做示范，但不要规定应该怎样玩。为了避免孩子变成只会按照指示行动的人，让他们自己试错，体会探索的乐趣吧！话虽如此，父母也不能给了玩具就放任不管，陪伴是很重要的。父母需要做的是关注孩子的表现并及时给予表扬，适当地提出问题引发孩子的思考。

提高能力

◎ 能力开发

　　说到能力开发，父母可能首先想到的是给孩子报特长班，培养孩子某方面的才艺。其实，能力开发指的是父母挖掘孩子各方面的潜力并帮助孩子培养能力。

　　过去的育儿是以孩子的身心成长为中心的，只要孩子能够健康地长大成人，父母就心满意足了。但是，在物质生活丰富的现代，父母更需要注重孩子的能力发展。父母不需要带孩子去专门的早教机构，在家就能够培养孩子的能力、激发他们的潜力。

◎ 助力孩子的语言能力发展

孩子的语言能力是在与周围大人的交流中发展起来的。经常和父母对话的孩子语言能力发展得更快、更好，这些孩子能够很好地表达自己的想法，长大以后更容易拥有良好而广泛的人际关系。

所有的孩子都能在出生后 4 ~ 5 年内做到和其他人用自己

的母语交流。仔细想想，这种能力非常惊人。孩子在出生后的第一年里不会说话，但他们的大脑中已经积累了很多词汇，到了 2 岁，孩子就已经具备一定的语言能力了。不过，孩子在这一阶段的语言水平存在明显的个体差异，所以父母最好不要过于在意孩子的词汇量。

1 岁孩子的语言发展处于单词句阶段，也就是说，在这个阶段，他们会用一个简单的词代表一句话，比如，用"妈妈"来表达"妈妈，我困了"或"妈妈，抱抱我"。

2 岁左右，孩子的语言发展进入双词句阶段，开始说由两个词组成的句子，比如"妈妈抱抱""妈妈睡觉"。孩子学会了表达自己的情绪，其语言能力与日俱增，词汇量呈爆炸式增长。 2 岁左右是孩子语言能力发展的重要时期，父母应该给予孩子怎样的帮助呢？

其一，创造让孩子愿意说话的环境。我们会把自己的感受、开心的事情分享给喜欢和亲近的人，希望得到他们的反馈，孩子也是一样的。为了发展语言能力，孩子需要一个自己喜欢的、愿意倾诉的对象，和这个人在一起能让孩子感到愉悦和安心。

一般来说，这个人就是妈妈或爸爸。父母和孩子之间牢固的信赖关系是孩子具有良好语言表达能力的基础。

其二，和孩子面对面，成为孩子的"好听众"。父母没有必要单方面给孩子灌输各种知识，或者刻意纠正孩子的儿语。比如，孩子指着汽车对妈妈说："妈妈，嘀嘀！"妈妈可以回答："哇，好大的汽车啊！汽车要开到哪里去呢？"如果孩子回答："超市。"那么，妈妈可以说："是啊，这是送牛奶的汽车，小洋喜欢喝牛奶吗？"孩子可能会说："嗯，喜欢！"父母可以通过这种方式拓展和孩子的对话。孩子使用儿语也没关系，但父母要尽量说得标准。

当然，父母还是要在一定程度上注意说话的内容。如果父母在孩子面前说流浪猫"真恶心"，那么孩子就会对猫形成不好的印象；不经意间说别人的坏话被孩子听到，孩子也会变得讨厌那个人；当孩子失败了就严厉地斥责他"看吧，我都说不行了"，孩子就容易失去自信。父母的无心之言对孩子来说却有着非常巨大的影响力。

◎ 提高孩子手指的灵活性

经常活动手指能够锻炼孩子的思维能力，有助于他们集中注意力、稳定情绪，对促进孩子的脑部发育起着非常重要的作用，所以，父母可以让孩子在游戏中多多活动手指。前面提到的搭积木、玩拼插积木、捏黏土、剪纸和画画都能使孩子的手指充分活动。在沙坑里堆沙子也是能提高孩子手指灵活性的游戏。

折纸能在很大程度上提高孩子手指的灵活性。2 岁的孩子虽然还不会折纸，但他们喜欢看父母折纸。对这个阶段的孩子

来说，即使只是把纸揉成一团，也是很了不起的。父母可以在作品折好后让孩子猜一猜是什么。折好的风琴、气球、纸飞机还能作为孩子的玩具。

剪纸也是很好的游戏。因为剪纸比折纸容易，2 岁的孩子可能先学会剪纸，后学会折纸。无论是在折纸还是剪纸的时候，父母都可以顺便教孩子认一认红、白、蓝等颜色。

给洋娃娃穿衣服，自己脱睡衣，自己扣扣子……这些都可以提高孩子手指的灵活性，如果孩子做到了，就毫不吝啬地夸奖他们吧！

◎ 提升孩子的运动能力

2 岁的孩子看似十分淘气，但他们是在不断尝试自己觉得好玩、感兴趣的事情，或者在进行冒险。父母可以利用孩子的冒险精神来提升他们的运动能力。

在孩子学会了抛球和接球后，父母可以和他们玩抛接球游戏，并一点点地增加难度。投球可以综合提升孩子的观察能力、分析能力和手臂的肌肉力量，能够很好地刺激孩子的多重感觉。赛跑游戏也深得孩子的青睐，他们非常喜欢和别人比谁跑得快。

孩子很喜欢和父母互动：抓着爸爸的胳膊让爸爸晃来晃去，绕着妈妈像螺旋桨一样转圈圈……孩子也喜欢在被子和垫子上打滚、爬过障碍物等。孩子还会积极地挑战大人看了会倒吸一口凉气的高难度动作，比如走平衡木、吊单杠、爬上高高的攀爬架、滑大型滑梯、从高处一跃而下等。遇到这种情况时，许多父母都会大喊"危险！危险！"，想让孩子放弃。但是，父母不应一味地禁止孩子冒险，在安全的范围内让孩子尽可能多地体验吧！

冒险游戏往往会让孩子产生强烈的紧张感，对结果越满意，孩子就越能燃起继续挑战的欲望。同时，这类游戏也能增强孩子面对和战胜困难的勇气。

◎ 帮助孩子理解数字

孩子最常听到连续数字的场景，有可能是在洗澡时父母对

他们说"再泡10
秒钟。1、2、3……"。
不过，记住数字的
念法和理解数字的
含义是不一样的。

　　给孩子两块饼
干，并对孩子说："我们玩一个平分饼干的游戏吧！"如果孩子
能平均分配饼干，就说明孩子已经开始理解数字的含义了，接下来，
父母可以把饼干增加到四块，继续练习。

　　"鼻子有一个""眼睛有两只""我们脸上还有什么器官
有两个？"父母也可以用这样的小游戏教孩子识数。

　　要想让孩子明白大小和数量的概念，父母可以经常问孩子
"哪个大？""哪个多？"……吃饼干的时候，让孩子比较饼干
的大小；或者拿两个一样的杯子，一个杯子里倒满果汁，另一
个杯子里少倒一些，问孩子想选哪一个杯子以及为什么这样选。

　　但是，如果孩子对数字没什么兴趣，父母也不能武断地认

为"这个孩子不适合学理科"。如果孩子主动提问，父母要不厌其烦地耐心解答。

◎ 让孩子帮忙是开发孩子能力的好方法

2 岁的孩子喜欢尝试新事物、模仿他人，他们对父母做的事情非常感兴趣。虽说大多数时候孩子只会帮倒忙，但只要他们有兴趣，父母就应该请他们帮忙。洗手帕、帮父母拿东西等都是很好的能力开发方法。但是，让孩子帮忙要基于他们的自主性，一旦没兴趣了，他们可以随时停下来，父母没必要要求他们坚持到最后。当然，请孩子帮忙要保证他们的安全。

◎ 父母关注的早教

在孩子 3 岁之前，他们大脑 70% 的区域已经发育完全，俗语"3 岁看大"也强调了 3 岁之前对孩子进行教育的重要性。的确，0 ~ 3 岁是孩子大脑发育的黄金时期，这一时期，孩子不仅学习能力强，记忆力也很好。

　　然而，在当今社会，"让孩子赢在起跑线上"的观点大行其道，父母的神经越来越紧绷，孩子都要去上专门的培训班，英语、钢琴、游泳、体育等五花八门的早教课程层出不穷。

　　在这样的大环境下，很多父母都会感到迷茫。只要课程真的对孩子有好处，就算硬逼着孩子也要让他们学，这就是大部分父母最真实的想法。

　　相信所有父母都对孩子的未来有美好的规划和愿景，然而，是否接受早期教育应当根据家庭的实际情况决定，不能一概而论。**父母如果想让孩子接受早期教育，那么必须具备一个重要的前提，那就是父母和孩子之间建立起了牢固的情感纽带。**

　　情感纽带越牢固，孩子越能安心地去外面的世界"闯荡"，哪怕经历了小小的挫折，他们也能自己站起来。反之，如果亲子之间的情感纽带脆弱，孩子由于内心缺乏安全感，容易焦躁不安、缺乏干劲，无法享受学习的乐趣，学什么都达不到预期的效果。

　　父母在让孩子学习早教课程时，应该抱有这样的心态：如果孩子特别排斥早教课程，就立刻放弃。此外，父母的初衷应该是给孩子增添乐趣，而非让孩子"赢在起跑线上"。

　　我的建议是，在孩子年幼的时候，父母在家通过亲子互动来发展孩子的能力就足够了。对 2 ~ 3 岁的孩子来说，即使没有专家的指导，父母也可以挖掘孩子的潜力、培养他们的能力。现在，社会上有各式各样的亲子活动，比如儿童故事会、木偶剧，这些活动不但可以引起孩子的兴趣，而且能帮助父母转换心情、放松身心，还能增进亲子关系。

第 4 章

与家人的关系

妈妈的职责

◎ 和孩子在一起开心吗？

你还记得第一次把孩子抱在怀里那一刻是什么心情吗？不知不觉两年过去了，现在的你是不是每天都在感叹："怎么带孩子这么难，这么辛苦?!"我想很多妈妈都感同身受。是啊，不能踏踏实实地睡觉，不能随心所欲地吃东西，外出逛商场也得带着孩子；偶尔把孩子托付给别人照看，自己从孩子身边"解放"出来，出门后也无法彻底放松，总记挂着孩子的情况，频繁地打电话回家……当了妈妈后，一切仿佛再也回不到从前了。

大多数妈妈被问到"你觉得生孩子好吗？"这个问题时，都会回答"好"。但是，当她们被问到"是不是偶尔也会冒出

'要是没生孩子就好了'这样的念头？"时，回答"是"也是她们发自内心的真实想法。即使是特别爱孩子的妈妈，也无法否认孩子给自己添了不少麻烦。

那么，请你再问问自己："和孩子在一起开心吗？"只要你感到有一点儿开心，你就是合格的妈妈，今后也要好好享受和孩子一起度过的时光。不过，很多 2 岁孩子的妈妈会因为育儿而心力交瘁，感到"一点儿也不开心"或者"和孩子在一起的所有时间都很痛苦"的妈妈也不在少数。"对孩子感到厌烦，我是不是一个不合格的妈妈？"有的妈妈对此感到痛苦、歉疚和自责，内心煎熬不已。许多妈妈不敢把这种心情表达出来，负面情绪不断在她们心底累积，育儿让她们感到越来越痛苦。但她们如果能和其他的妈妈多聊

几句，就会发现，很多妈妈都有相同的感受，并非只有自己特别"不称职"。

◎ 母 爱 神 话

人们对"母爱"这个词通常抱有格外的好感。尤其是男性，他们觉得母爱是神圣而伟大的，只要是女性就应该具备母爱，缺乏母爱的女性不是真正的女性。

想要孩子茁壮成长，母爱比什么都重要，这是毫无争议的。但是，请所有妈妈不要被"母爱"束缚，按照自己喜欢的方式生活才是最重要的。我认为，现实中，妈妈应该是多样的。牺牲自己成为"为孩子付出一切的伟大妈妈"对孩子来说可能反倒是负担。如果妈妈认为教养孩子全是自己的责任，对孩子的一切都要过问，这样做有百害而无一利。妈妈还是应该按照自己的习惯和步调来育儿，母爱的表达形式应该是多种多样的。

◎ 严格好还是宽纵好?

有时我们会在人来人往的大街上看到妈妈教训年幼孩子的情景。有的妈妈会对孩子说"妈妈不要你了",然后转身离开;周围的人或吃惊,或向孩子投去同情的目光;紧接着,孩子就"哇哇"哭着追上妈妈,死死地抱住妈妈不撒手。孩子害怕被妈妈抛弃,不管是被训斥还是挨打,他们都不能没有妈妈,不能失去妈妈的爱。2岁的孩子总是被贴上"反复无常""任性""叛逆"等负面标签,因此在育儿过程中,妈妈常常面临着"棍棒还是糖果"的抉择。有些妈妈在疲惫、焦虑的日子里会因一些无关紧要的小事严厉地管教孩子,而在心情愉快放松的时候又会娇惯孩子,态度没有一贯性,这也是人之常情。

如果有一本万能的育儿指导

手册，清楚地说明什么时候该对孩子严格、什么时候该对孩子宽纵就好了。有时妈妈能考虑到孩子的心情，满足孩子的要求，但有时她们会无视孩子的意愿，擅自替孩子做主，这是所有妈妈最真实也最自然的状态。但是，不管妈妈的行为和态度多么矛盾，孩子只要感到被妈妈爱，就能从爱的土壤中获得滋养，健康快乐地成长。所以，妈妈的职责更多地体现在陪伴孩子并给予孩子安全感上。妈妈在给孩子积极影响的同时，也要从孩子身上学习，努力做到和孩子心灵相通。

◎ 好妈妈是怎样的？

究竟什么样的妈妈才算是好妈妈呢？思考这个问题时，我们一定会首先想到自己的妈妈。有的人以自己的妈妈为榜样，也有人讨厌自己的妈妈。21 世纪被称为"女性的时代"，女性对社会的贡献得到了赞誉和认可。然而，很多年轻妈妈也陷入了迷茫，不知道该选择何种生活方式，不知道怎样才能成为好妈妈。她们环视四周，却找不到可以效仿的典范。在某种程度上，不安和迷茫可以算作现代妈妈的特征。**对今天的妈妈来说，不被那些响亮的口号所迷惑，不囿于固有的母亲形象，不断试错，不断追问自己心目中理想的母亲是什么样的，才是最重要的。**

爸爸的职责

◎ 轮到爸爸出场

"轮到爸爸出场"并不代表在孩子 2 岁时爸爸才姗姗来迟，开始参与育儿。在孩子学会爬之前，爸爸就应该经常抱孩子、哄孩子、给孩子换纸尿裤，只有这样，孩子对爸爸的脸和说话的声音才会感到熟悉。

2 岁以后，孩子和爸爸的关系渐渐变得亲密。2 岁前，孩子会特别黏妈妈，很少和妈妈闹矛盾，但现在，孩子发现妈妈一天

比一天唠叨："必须这样做""这样不行"……与妈妈相比，爸爸更有趣。所以，2 岁的孩子变得非常喜欢和爸爸玩耍。他们喜欢坐在爸爸的肩膀上、吊在爸爸的胳膊上，爸爸高大结实的身体给孩子满满的安全感。而且爸爸不会因为一点儿小事就大声批评孩子、发脾气，这一点也很合孩子的心意。

但是，如果爸爸忙到每天晚上孩子睡着了才回家，休息日也无法陪伴家人，孩子就会与爸爸疏远。2 岁的孩子正处在发展语言表达能力、通过模仿父母的行为来掌握多种能力的关键期，爸爸一定要挤出时间多陪伴孩子，只有这样，才能在孩子的心中树立温暖而豁达的形象。

◎ 陪孩子玩耍

很多家庭都是爸爸和孩子一起洗澡的。除此之外，爸爸和孩子之间好像就没有其他互动了，甚至每天和孩子一起吃晚饭的爸爸也不多。虽然令人意外，但这就是很多家庭的现状。那么，爸爸应该怎样做呢？买礼物讨孩子欢心？和妈妈一起照顾孩子穿衣吃饭？爸爸在孩子的成长中可以做的有很多，但大多数爸爸做得最好的还是陪孩子尽情玩耍。

在爸爸背上"骑大马"，抓着爸爸的胳膊在空中晃来晃去，和爸爸一起玩这些游戏才有乐趣。2岁的孩子还喜欢玩有破坏性的游戏，比如抛掷玩具、将垒好的积木一下子推倒，这些游戏可以解放孩子的天性，它们的乐趣只有爸爸才能理解。男孩喜欢扮演超级英雄和爸爸玩战斗游戏；妈妈坚决制止的冒险游

戏，爸爸也会笑着允许。

爸爸们，和孩子一起到户外走走吧。不知不觉间，孩子已经走得很稳了。牵着孩子的手，边走边聊上几句，还可以和孩子一起跑步，或者欣然答应孩子"想玩投球""想看爸爸踢球"之类的请求。对爸爸来说，见证孩子一天天变得独立，和自己建立起牢固而亲密的关系，是十分宝贵的经历。尽情享受和孩子一起游戏的乐趣吧！

◎ 支持妻子

忙碌的爸爸动辄把照顾孩子的事情全都推给妈妈。但很多爸爸并非不关心孩子，只是实在抽不出时间。爸爸陪伴孩子的重要性不言而喻，爸爸如果真的做不到陪伴孩子，至少要体谅一下整天和孩子"战斗"的妻子。如果每天下班回到家时孩子已经睡着了，爸爸可以问问妻子关于孩子的情况，如"今天怎么样?""饭吃得多吗?""自己尿尿了吗?"。我相信这不难做到。育儿中遇到困难时，感到不安或心烦意乱的妈妈也可以和

丈夫聊聊白天发生的事情，两个人一起探讨和反思，妈妈的心情也稍微轻松一些。而且，最重要的是，夫妻俩多进行关于育儿的对话有利于妈妈保持情绪稳定。相比双职工家庭，丈夫工作、妻子做全职妈妈的家庭更要注意这一点，因为在这种家庭中，很多爸爸认为育儿不是自己的责任，根本不参与育儿，这是不可取的。

　　在过去大家族一起生活的时代，妈妈有了烦恼随时可以找亲人或者热心的邻居商量，而现代的妈妈则大多"单打独斗"，在迷茫中摸索着前行。丈夫如果可以认真倾听妻子的不安，就是妻子最值得信赖的坚强后盾。作为丈夫，你能支持妻子吗？你在支持妻子吗？如果你能够在精神上支持妻子，那么即使你与孩子直接接触的时间不多，你也会间接地对孩子产生很大影响。

◎ 爸爸的形象

没有人规定爸爸在育儿中必须承担哪些责任，让所有家庭成员都承担起自己的责任是每个家庭的必修课。如果爸爸总是缺席，妈妈可以多对孩子提到爸爸，加深孩子对爸爸的印象，比如"这个玩具是爸爸给你买的哟！""在爸爸回来之前，我们一起打扫房间吧！"……当然，这只有在夫妻关系稳定的情况下才能实现。

爸爸应该主动亲近孩子，做一些妈妈不擅长或不喜欢做的事，比如和孩子一起拼装汽车模型、做鬼脸、模仿动物的叫声逗孩子开心。爸爸一定能从和孩子的相处中收获良多。

最近，越来越多的爸爸有了自己的每日育儿"功课"。有的爸爸负责每天给孩子洗澡，有的爸爸会在晚上给孩子讲睡前故事，有的爸爸会给孩子换睡衣。爸爸承担一定的育儿任务既能减轻妈妈的负担，也能让孩子感到开心。此外，现在很多爸爸都负责接送孩子。然而，有些人偏执地认为，爸爸照顾孩子是"父权丧失"的表现，这种观点是错误的。在育儿中，父母发挥的作用本就存在差异，爸爸的男性特质是妈妈所不具有的。**和只有妈妈照顾孩子的家庭相比，在爸爸积极参与育儿的家庭中，孩子受到的积极影响更多元，身心也更健康。**

　　特别是在孩子有了弟弟妹妹的情况下，爸爸更应该积极地和孩子互动，因为妈妈的注意力会更多地转向弟弟妹妹。虽然来自爸爸的关心不能完全抚慰孩子，但爸爸的陪伴对孩子来说是极大的安慰。

核心家庭

◎ 夫妻合力养育孩子

刚结婚时，夫妻二人的生活虽然和单身时相比有所不同，但相对来说还是比较轻松的。一旦孩子出生，育儿"战争"就打响了，夫妻二人每天从早上睁眼到晚上闭眼都在围着孩子打转。特别是在只有夫

妻二人和孩子的核心家庭中，年轻夫妻的第一次育儿过程非常辛苦。即使孩子2岁了，父母的负担也丝毫没有减轻。

有些人不看好核心家庭式育儿，我常听到有人说还是过去的大家族式育儿更好。我认为出现这种情况的原因可能是大家族向小家庭的转变过于迅速，令许多人一时间难以适应。在过去的大家族中，孩子不完全由妈妈照顾，奶奶和其他女性亲戚会承担部分育儿任务；爷爷、伯伯和叔叔也会承担部分育儿任务。因为有这么多人帮忙，当时的一些爸爸就认为自己没有必要亲自照顾孩子。

然而，在核心家庭中，缺乏经验的年轻父母不得不肩负起育儿的全部重担。这时，如果爸爸认为育儿是妈妈的"天职"，完全不参与育儿会怎样呢？在核心家庭中，育儿需要夫妻齐心协力，尤其需要爸爸积极参与，帮妈妈排忧解难。

◎ 遵从自己的感受

核心家庭式育儿虽然有缺点，但也有其独特的优点。由于核心家庭的成员较少，所以育儿参与者不容易在对待孩子的态度上产生分歧。许多在大家族中照顾孩子的妈妈总是抱怨爷爷奶奶对育儿多加干涉，但核心家庭几乎没有这种麻烦。

没有其他人干涉，这对想按照自己的想法和步调教养孩子的父母是很有利的。尽管现在年轻父母的一些观念和做法往往遭到老一辈人的质疑，但以前的育儿方式也不一定完全正确。

核心家庭的父母要发挥自己的个性并保护孩子的天性，加强亲子之间的情感纽带。父母只要做到这一点，就能给孩子营造良好的成长环境。在育儿方面互相协助，夫妻之间的关系也

会更融洽。最重要的是，父母可以实施自己的育儿理念，用自己认为好的方式和孩子相处。虽然承担育儿责任对没有经验的年轻父母来说是非常艰巨的挑战，但正因如此，父母才能真正长大。

◎ 开放式育儿法

近些年，年轻父母获取育儿知识的途径越来越丰富：市面上的育儿书籍和杂志应有尽有；儿科医生能够随时为父母提供指导；电视和广播节目中也有很多关于育儿的信息；父母可以打电话给社区卫生服务中心，咨询相关问题。但尽管掌握了这么多的信息，核心家庭的父母还是容易陷入孤立无援的境地。就算懂再多的理论知识，如果没有具备实际经验的人帮忙，年轻父母还是无法自如地应对各种突发状况。不要封闭在自己的小家庭里，不妨试试开放式育儿法，相信年轻父母一定会感到更轻松，心态也一定会更积极。

有的妈妈觉得带孩子出门很麻烦，因为不希望和孩子一刻不离地度过一整天。但是在核心家庭中，在混凝土包围的狭小空间中，妈妈整天和孩子待在一起，碰撞和摩擦在所难免。孩子听腻了妈妈的唠叨，妈妈和孩子的情绪都会逐渐变得急躁。于是，恶性循环开始了。

核心家庭的父母压力很大，因此，父母应尽量以开放的心态与长辈、朋友等交流，这样，在育儿时也会感到轻松一些。

有些 2 岁的孩子已经可以独自玩耍了，父母如果需要独自出门，可以让孩子暂时待在社区的公共空间，或者拜托邻居暂时照看孩子。孩子年龄相仿的妈妈们很容易就会聊起育儿的话题。在自己迷茫无措的时候，如果身边有有经验的人，妈妈就会感到

非常安心。正所谓"远亲不如近邻"，比起不住在一起的长辈，邻居家孩子的妈妈有时更值得依靠。带孩子去公园或儿童活动中心时，孩子和妈妈都有可能交到意想不到的朋友。

为了更好地养育孩子，父母可以尝试开放式育儿法——借助他人的智慧和力量来育儿，这种新型的育儿方法在很多地方都存在。尝试开放式育儿法的父母都表示，通过观察和了解其他家庭的亲子相处模式，自己能获得很多启发。

◎ 把孩子托付给谁？

孩子出生后妈妈选择回归工作岗位已经不是什么新鲜事了。夫妻二人如果都要工作，那么最好结合产假和育儿假等各种条件提前制订育儿计划。

但如果孩子到了2岁左右父母突然都要上班，将孩子交给谁照顾就十分关键了。孩子能上幼儿园固然好，但是在有些地方，即使父母提交了入园申请，孩子也不一定能马上入园，而要等到秋季有名额后才能入园。要是长辈也不能帮忙，父母就要找保姆了。

挑选保姆的时候，毋庸置疑要选择喜欢孩子的人。而且，保姆最好有养育孩子的经验。当然，父母不一定马上就能找到符合自己心意的保姆。找保姆时，告知保姆孩子的情况自不必说。此外，自家能承受的费用、夫妻二人的工作状况等任何能想到的事情都要提前告知保姆。

◎ 妈妈的烦恼

成功把孩子送入幼儿园，或者找到了放心的人白天照看孩子，这就算满足了父母外出工作的最低标准，然而 3 岁以下孩子的妈妈仍有许多需要克服的困难。最大的困难可能就是要对抗 "孩子 3 岁前要由妈妈亲自抚养" 这种观念。此观念至今仍困扰着许多职场妈妈，不仅如此，也给全职妈妈造成了巨大的心理负担。

过去，父母的育儿分工很大程度上与人们对男性和女性的刻板印象有关，而且由于那时科学的育儿知识尚未普及，孩子出生后，父母只要按照上一辈人的经验育儿就可以了。但是现在，人们的生活方式变得多元，人们接收到的信息越来越多，特别是女性在婚后有了更多的选择，对于如何看待以及处理孩子出生之后产生的各种问题，无人指导的年轻妈妈很容易陷入迷茫。

妈妈不仅要面临工作上的压力，还要承担把孩子托付给他人产生的后果。自己不在的时候，保姆会用什么方式对待孩子呢？把孩子送去幼儿园后，孩子能得到精心的照顾吗？许多妈妈越想就越感到不安。除此之外，当孩子生病时，想陪在孩子身边却不能请假，这种情况也令妈妈感到焦虑。每个家庭的情况都不一样，所以妈妈必须具备独立解决问题的能力。例如，妈妈要平衡生活和工作，充分评估自身的性格、精力和孩子的身心状况等，之后再做决定。不要因为大家都这么做，或者某位有名的专家这么说就照葫芦画瓢。妈妈要找到适合自己的解决办法。

最后，父母在做任何决定，比如妈妈是否回归职场，是否将孩子托付给别人照顾时，都要考虑孩子的意愿。孩子会用情绪低落、生病等来对父母发出抗议，希望父母善于捕捉这些信号，做决定前充分考虑，并及时调整自己的态度。

◎ 将孩子托付给别人照顾时的注意事项

很多妈妈都认为自己是最懂孩子的人。这是否是真的我们暂且不论，因为妈妈整天和孩子相处，反而有可能看不清孩子的真实情况。将孩子托付给别人时，妈妈免不了要千叮咛万嘱咐，比如孩子什么时候会哭闹、睡午觉时一定要抱着哪条毯子、喜欢吃哪种食物等。但是，看护人能否真的注意这一切最终还是要看其能力和人品。所以，父母一旦决定将孩子交给别人照顾，就应该全盘托付。如果父母对看护人不放心或者心怀不满，那么这种不安和不满很快就会传递给孩子。举个例子。一位妈妈在工作期间把孩子交给保姆照看，但她不喜欢保姆用方言跟孩子说话。妈妈下班回到家后，发现孩子的说话方式和保姆一模一样，于是急忙纠正孩子，但在纠正的过程中，孩子渐渐不再和妈妈说话了。这就是一个不能做到全盘托付的失败案例。孩子受到看护人的影响是理所当然的。希望父母和看护人在育儿中负起各自的责任。

如果将孩子托付给保姆照顾，父母可以请保姆记录孩子的情况——幼儿园的老师基本上都是这样做的。父母不在家时，孩子吃了什么、做了什么，看护人又做了什么工作。有了这些记录，父母应该就能安心一些。无论如何，在把孩子托付给别人照看时，父母和看护人相互信任是最重要的。

多代同居家庭

◎ 借助长辈的智慧

如今，人口老龄化已经成为人们时常议论的话题，在我们周围，三代、四代人一起生活的家庭也不在少数，这就是所谓的"多代同居家庭"。虽然现在的年轻父母掌握了很多科学的育儿知识，但他们还是希望在育儿过程中可以借助长辈的智慧，希望长辈帮自己分担育儿的压力。我想，长辈身上肯定有很多值得学习的地方。

◎ 长辈对育儿的参与

年轻父母虽然希望长辈助自己一臂之力，但在一起生活确实容易产生各种各样的矛盾，两代人特别容易在育儿方面意见不合。举个例子。奶奶怕孩子感冒，就给孩子多穿了一件毛衣，但妈妈认为少穿点儿对孩子的健康有好处，所以一发现孩子穿了毛衣就马上给脱下来。这样，孩子就不得不反复穿脱毛衣。虽然引发矛盾的只是一件毛衣，但一旦矛盾得不到化解，有的妈妈就有可能对孩子说："不要再去找奶奶。"

在育儿方面，年轻父母和长辈似乎事事对立。年轻父母觉得长辈太溺爱孩子，对奶奶给太多甜食、爷爷老是给孩子买玩

具感到不满。长辈则批评年轻父母的教育方式，认为不应该让那么小的孩子学习、晚睡等。但是，即便年轻父母和长辈有这样那样的分歧，对孩子来说，爷爷奶奶（或外公外婆）那里永远是温暖舒适的避风港。有的孩子被妈妈训斥后，会躲到奶奶那里，奶奶会用零食来安抚他。**和爷爷奶奶（或外公外婆）一起生活的孩子总有一种悠然自得的心境，这种心境也许正得益于他们和爷爷奶奶（或外公外婆）的心灵交流。**

如果年轻父母和长辈的育儿理念不一致，长辈就会觉得身心俱疲。即使没有冲突，对长辈来说，照看孩子也是一项繁重的劳动，他们在照顾了孩子一天后往往感到疲惫不堪。

◎ 合作很重要

在长辈看来，年轻父母所做的一切都没有经过深思熟虑，因此他们总忍不住要念叨几句。然而，年轻父母一方面需要长辈的帮忙以缓解育儿压力；另一方面，他们在被过度干涉时又会产生不满。特别是作为晚辈，由于不好当面反驳长辈，他们总是快快不乐，于是负面情绪累积。

我认为，应该由年轻父母而非爷爷奶奶（或外公外婆）来掌握育儿的主导权。进入 21 世纪后，人们的生活习惯和思想方式发生了巨变，人们掌握的医学保健和育儿知识越来越丰富，育儿理念越来越先进，而很多长辈传授的很多育儿经验是过时的。

长辈在育儿中应该起支持和协助作用。在年轻父母抽不出时间的时候，爷爷奶奶（或外公外婆）可以带孩子出去散步；或者在妈妈喂小宝宝吃奶时陪伴大孩子，给大孩子读图画书。长辈只需要做些小事，就能为年轻父母减轻负担。

然而，在育儿中，长辈很难做到只协助不干涉，多代同居家庭中的年轻父母应该都对此深有体会。如果妈妈和奶奶之间的关系平时就不融洽，那么，她们在养育孩子的问题上更容易产生矛盾。婆媳矛盾的根源十分复杂，并且会影响孩子的性格。所有家庭成员应尽可能地相互理解，共同营造和谐的家庭氛围。此外，年轻父母也要注意自己的态度，不能只在需要时才依靠长辈，在生活的其他方面也有必要多听听长辈的意见。

多孩家庭

◎ 如何对待大孩子?

　　虽然多孩家庭和前面介绍的家庭类型有所重叠,但随着多孩家庭越来越多,许多父母苦于处理孩子和兄弟姐妹之间的关系,因此我在本书中单独介绍一下多孩家庭。

这是我的妹妹?

　　在弟弟妹妹出生前,有些妈妈会摸着自己一天天变大的肚子对孩子解释:"你看,妈妈肚子里的小宝宝快要出生了,你马上就成为哥哥/姐姐了。"但是,2岁的孩子其实并不明白这句话究竟意味着什么。也许只有等到妈妈住进医院，不得不暂时和自己分开时，孩子才能真切地感受到自己的生活发生了变化。

妈妈带着小宝宝回家后，大孩子的生活会发生翻天覆地的变化。在小宝宝还没到来之前，大孩子一直是家里的中心，他们感觉自己就像国王一样，但现在所有人的目光一下子都转移到这个新来的小家伙身上，就连特别疼爱自己的奶奶也只顾着看小宝宝，不再关注自己，大孩子会受到强烈的打击。

所有妈妈都知道，生了二胎之后更要多陪伴大孩子，有时还要像对待婴儿一样溺爱大孩子。但说起来容易，做起来难，妈妈精力有限，而且大部分精力都被小宝宝所占据，因此，大多数妈妈还是会对大孩子有所疏忽。

如果孩子讨厌弟弟妹妹，父母应该理解孩子，因为孩子产生这种情绪是正常的，并且他们也不知道如何处理这种情绪。但是，孩子也并非完全对弟弟妹妹没有感情。父母一定要帮助孩子处理对弟弟妹妹的厌恶之情，引导孩子逐渐喜欢上弟弟妹妹。

◎ 吵 架 的 好 处

多孩家庭永远无法避免的就是争吵。吵架与年龄差距和性格差异都无关，是家庭中再正常不过的现象。有些父母对吵架深恶痛绝，但兄弟姐妹之间的争吵也不尽是坏事。

不论结果如何，吵架都能使孩子更坚强。话虽如此，在大多数情况下，大孩子会占上风，所以许多父母为了保护年幼的孩子，经常会介入其中"主持公道"。其实，大孩子明白自己

有压倒性优势，会适当地"手下留情"；年幼的孩子虽然知道会输，但会抗争到底。吵架双方都各执一词，2岁的弟弟在向6岁的哥哥发脾气的时候，常因能够和哥哥平等竞争感到自豪。如果父母干涉过多，可能会伤害孩子的自尊心。有的父母会问："父母放任不管的话，孩子万一受伤了怎么办？"**父母不妨先静观事态发展，再决定是否介入。总是和兄弟姐妹吵架并不一定会给孩子将来的生活造成负面影响。**

◎ 兄弟姐妹相互影响

即使天天吵架，但假如兄弟姐妹其中一人去了爷爷奶奶家，其他人也会惦记他。当弟弟出去玩的时候，哥哥也会将自己的零食留一半给弟弟。虽然兄弟姐妹会争夺父母之爱，但他们也有着割

舍不断的手足之情。

弟弟妹妹能从哥哥姐姐那里学到很多东西，比如如何用积木搭高塔、如何骑儿童三轮车、如何剪纸。弟弟妹妹也可能模仿哥哥姐姐弄脏衣服、乱扔玩具，甚至从哥哥姐姐那里学到骂人的话。模仿哥哥姐姐对年幼的孩子来说是很有趣的事情。哥哥姐姐如果愿意教弟弟妹妹，弟弟妹妹一定会表现得很积极，并用心地学习。

年幼的孩子确实能够从大孩子身上受到很多启发，但大孩子也并非没有收获。他们能从与弟弟妹妹的相处中获得丰富的经验，培养自制力和责任感，学会体贴父母、关怀他人、面对挫折；同时，兄弟姐妹的感情会更深厚。

◎ 平 等 相 待

大多数情况下，有两个孩子的父母自以为对孩子们"平等相待"，其实他们并不能做到平等。例如，在妈妈的育儿日记中，关于第一个孩子的内容写得密密麻麻，却几乎没有关于第二个孩子的内容；在家庭相册中，第一个孩子的照片更多，第二个孩子的照片很少。

也有的妈妈承认自己总是不自觉地盯着和管教大孩子，对年幼的孩子相对纵容，并采取相对没那么严格的教养方式。由于年龄、经验、生活状况的改变，父母的育儿态度也会有所改变。此外，父母可能会对身体弱、经常生病的孩子更为关注。

看到这里，有些父母可能会觉得对所有孩子一视同仁根本就是强人所难。做到一视同仁的确困难，但是父母至少要让每个孩子感受到关注和爱。具体来说，父母应该抓住和孩子单独相处的时机，比如在大孩子去幼儿园的路上，在年幼的孩子睡午觉的时候，尽情地疼爱孩子，即使表现得夸张一点儿也没关系。

每个孩子都会暗中和兄弟姐妹比较，他们如果觉得自己受了委屈或者没有得到同等的重视，就会记在心里。**所以，父母要在和孩子单独相处时夸张地向孩子表达爱来安抚他们，消除他们内心的失落感。**

单亲家庭

◎ 单亲妈妈

单亲妈妈独自养育孩子的艰辛超乎我们想象。在一个完整的家庭中，虽然爸爸可能不直接参与育儿，但妈妈至少能从爸爸那里获得鼓励和建议，在家也有除了孩子以外的交流对象，对妈妈来说，这是至关重要的。然而，有些妈妈不得不独自抚养孩子。妈妈如果在孩子出生前失去伴侣，她或许还有时间做好独自育儿的心理准备；但如果妈妈在孩子 2 岁左右时突然陷入这种状况，她从打击中恢复过来就需要付出很多努力。

单亲妈妈如果因生活所迫必须外出工作，可以找一个负责任的保姆或者把孩子送到幼儿园。除了面对经济压力，单亲妈妈还可能会出现心理问题，比如感到焦虑和孤独。在这种情况下，她们就需要信任的人来给予自己帮助和支持。在单亲家庭中长大的一些孩子身上出现的问题并非家庭环境所致，无论孩子在怎样的家庭中长大，他们都有可能出现同样的问题；但如果妈妈与外界隔绝，她们就会渐渐觉得自己和自己的孩子被社会抛弃，从而对孩子的健康成长造成负面影响。这种时候，单亲妈妈可以寻求专家的帮助，也可以和其他妈妈多多交流，或者向外公外婆请教，我相信这样做一定对她们有所帮助。

　　单亲妈妈容易对孩子心存愧疚，因为觉得孩子可怜就娇惯孩子，这样做反而会使孩子自卑、敏感，这比被严格管教更令孩子痛苦。妈妈要自尊和自信，该管教孩子的时候管教，该疼爱的时候疼爱，做到张弛有度，这样才有利于孩子健康成长。

◎ 单亲爸爸

人们往往更多地关注单亲妈妈，而较少地关注单亲爸爸。然而，单亲爸爸面对的困难和单亲妈妈面对的困难是一样的。很多单亲爸爸会第一时间向自己的妈妈，也就是孩子的奶奶求助，但如果奶奶无法提供帮助，爸爸就必须独自抚养孩子。有的爸爸会为了更好地照顾孩子而换工作。

刚上幼儿园或者不习惯保姆照顾的孩子到了晚上可能会哭闹或反抗。虽然并非只有单亲家庭才有这种情况，但对疲惫的单亲爸爸来说，孩子的负面情绪也许就会成为爸爸脾气爆发的导火索。通常，爸爸比妈妈更不擅长应对孩子的愤怒和焦虑。

为了防止孩子出现心理问题，爸爸必须找到稳定自己的情绪和精神状态的方法。单亲爸爸容易变得牢骚满腹，但无论如何，也不应在孩子面前反复说妻子的坏话。在将孩子托付给爷爷奶奶照顾的时候，爸爸也必须叮嘱爷爷奶奶注意这一点。**一直听着自己妈妈（或爸爸）坏话长大的孩子会失去自爱的能力。**

孩子适应单亲家庭环境可能需要相当长的时间。但是，只要抚育孩子的一方尽最大努力持续给予孩子爱和温暖，孩子就能健康快乐地成长。

第5章

2岁孩子的个性

认识和理解孩子的个性

◎ 每个孩子都有自己的个性

孩子从一出生起就具有个性。请你回顾一下你的孩子从出生到现在的成长过程：是吃奶多还是不怎么吃奶？是晚上睡得很香，还是不停哭闹总不让人省心？喜欢吃辅食还是讨厌吃辅食？怕不怕生？学走路是快还是慢？是每天都乐呵呵的，还是总是闹别扭？100个孩子有100种性格，养育了很多孩子的妈妈和经验丰富的幼儿园老师都深知这一点。我们每个人生来都是与众不同的。

　　于是，如何应对有个性的孩子，特别是婴儿，就成了困扰新手父母的一大难题。在孩子出生前，许多准父母都以为婴儿像奶粉广告中的小模特那样，红扑扑的脸颊上总是挂着能抚慰人心的可爱笑容，但当自己的孩子出生后，他们才发现事实并非如此。在孩子蹒跚学步之前，妈妈仅仅靠喂奶、紧紧地把孩子抱在怀里安抚就可以解决所有问题。虽然这种做法有可能会受到奶奶的指责："老是抱对婴儿不好。"但妈妈也会以"育儿书上是这么写的"为理由反驳。为了照顾孩子，妈妈不惜削减自己的睡眠时间，将全部心血都倾注到了孩子身上，但她们又会担心是否对孩子过于娇惯，怀疑"这样会不会对孩子不好"。

孩子 1 岁半以后，父母意识到需要开始"管教"孩子了，就重视起孩子的个性来。其实，在我们的传统观念里，人与人之间的差异并不会被理解为个性。大家通常认为乖巧听话的孩子是"好孩子"，调皮捣蛋的孩子则是"坏孩子"，而育儿的目标就是把"坏孩子"教育成"好孩子"，让"好孩子"成为"更好的孩子"。这种观念贯穿于幼儿园和小学的教育之中，老师的目标就是培养更多的"好孩子"，并尽可能地让"坏孩子"变"好"。

如何教养个性越来越鲜明的 2 岁孩子，对父母来说是非常棘手的问题。好动的孩子、乖巧的孩子、有主见的孩子、悠闲懒散的孩子、敏感的孩子……面对不同个性的孩子，父母需要用不同的方式进行教育和引导。

◎ 个性从何而来？

多孩家庭的父母常常会因为孩子的个性迥然不同而困惑

不已。"都是同一对父母生的，怎么个性相差这么大？""为什么用同样的方法养育的孩子性格却不一样？"这些问题总是被提出。有时，父母真想问一问自己的孩子："小家伙，你这个性是从哪儿来的呀？"

接下来我要说一个令人惊讶的事实：在20世纪50年代以前，就连专门从事儿童发展研究的专家也很少认为"孩子天生就具有个性"。人们普遍认为，健康的婴儿出生时拥有相同的个性和能力，孩子在幼儿期以后表现出的个性差异是出生后经历的不同导致的。而且，对孩子的经历负有最大责任的是父母，所以，以前人们普遍认为父母"创造"了孩子的个性。今天，尽管人们承认孩子在出生时就已经具有了鲜明的个性，但看到2岁的孩子表现出一些个性化行为时，人们还是会理所当然地认为这些行为与父母的教养方式有关。

当孩子出现问题行为的时候，旁观者的第一反应总是"父母做得不好"。父母会为了扭转这种负面形象做出种种努力，但对父母真正重要的并非关注别人如何评价自己的教养方式。为人父母，一定要先了解自己的孩子究竟是什么样的人，然后再判断孩子的行为是由哪些因素导致的：是因为好动、精神过于紧张？还是因为敏感？在弄清原因之前，每当发现自己的孩子"特立独行"，不像周围的孩子那样听话懂事时，父母不应该训斥孩子，要多一些耐心，宽容地对待孩子。

当然，我并不是说父母和成长环境不会影响孩子的个性。孩子的个性并非一成不变，孩子是在父母和周围其他人的熏陶下成长的，因此父母和成长环境对孩子个性的发展有非常重要的影响。父母要了解孩子的个性，采取合适的应对方法，以帮助孩子发挥个性。

"父母要认识并理解孩子的个性。"绝大多数父母都觉得这只是一句漂亮话，做起来太难了，因为不管孩子是淘气好动还是内向听话，父母都有各种各样的烦恼，帮助孩子发挥个性比让孩子随波逐流要难得多。孩子的个性会受到父母和成长环境的影响，所以，当孩子出现问题行为时，父母不应一味地责备孩子，而应该站在孩子的角度，分析问题行为与孩子的个性是否有关，并用合适的方式来引导孩子。

　　下面我会分别针对好动的孩子、乖巧的孩子和敏感的孩子给父母提供一些应对方法。

好动的孩子

◎ 优点和缺点

　　1 岁半到 2 岁的孩子本就较为活泼好动，"一刻也安静不下来"是这个时期大部分孩子的特征。让父母头疼的是判断孩

子的好动程度是正常的还是已经超出了正常的范围。

在关于2岁孩子的育儿咨询中，有很多都与好动相关。"我家孩子特别调皮捣蛋。""孩子的心静不下来。""大人稍不注意孩子就跑得没影儿了。"……父母整天疲于应对好动的孩子，他们也确实想咨询一下专业人士。这些孩子为什么会"闲不住"呢？虽然对此还没有确切的答案，但有学者认为这与遗传有关。邻居、亲戚可能会说"孩子精力充沛不是好事嘛""小孩子好动一点儿是正常的"。但父母要对自己的孩子

负责，所以当发现孩子上了幼儿园也不愿意安静地坐下来画画、让孩子看书他却坐不住的时候，父母不免会担心：这些问题若一直存在，会不会发展成严重的问题？

对于存在这样的担心并且不知如何是好的父母，我的建议是先询问一下周围的人小时候是否存在同样的情况。说不定孩子的妈妈会惊讶地发现孩子的爸爸小时候也常被人评价"太好动"。这样，父母或许可以稍微安下心来，因为孩子长大后，问题就有可能自然消失了。即使身边没有这样的人，父母不妨想一想达·芬奇、丘吉尔和爱因斯坦等名人，这些人在小时候都曾因为顽皮多动而被当成"问题儿童"，他们长大后却成就了一番伟业，这样的例子数不胜数。

当然，并非所有好动的孩子都能成为爱因斯坦，但我们姑

且可以这样解释：好动的孩子的好奇心往往比其他孩子更强。父母在和孩子相处的时候，要尽可能地保持乐观心态，这样做对自己和孩子都有好处。

2岁孩子的正常行为表现包括乱跑乱跳，攀爬家具，什么东西都要摸一摸、碰一碰，而好动的孩子在此基础上还有注意力不集中、缺乏自制力等特点。孩子如果直到成年都难以集中注意力，就可能严重影响孩子的生活和工作。但我认为就目前来说，父母还没有必要担心。

◎ 表扬和批评的诀窍

被评价为"太好动""一刻也静不下来"的孩子，尽管成天调皮捣蛋，瞳孔却亮晶晶的，看上去灵动可爱，但父母的忍耐力往往经过一上午就已经耗尽了。于是从下午到晚上，孩子做的所有事父母都看不顺眼，这些事也就成了要加以制止的"坏行为"。除此之外，父母对孩子说话的语气也会变得不耐烦，批评指责也多了起来。其实，孩子非常敏感，每个

孩子都希望获得大人更多的称赞。遗憾的是，好动的孩子得到的表扬一定比其他孩子少得多。

如果好动的孩子同时又很有主见，对父母的要求充耳不闻，那么他们和父母的关系很可能会进一步恶化。父母渐渐变得暴躁，甚至可能会打孩子。

调皮好动的孩子也经常因各种意外而受伤，比如把洗手间弄得全是肥皂泡，自己一不留神滑倒；被小刀割破了手；从桌子上滚下来摔到头；伸手去碰燃气灶上的锅具被烫伤。父母在家要时刻留意孩子身边是否有危险物，然后认真观察孩子的行为。当孩子难得集中注意力做一件事时，父母往往会松一口气，赶紧去享受片刻的闲暇。其实，此时父母应该做的是抓住机会表扬孩子。

所有的孩子都喜欢被夸奖。父母适时的表扬（如"啊，真棒！""做得非常好！"）以及鼓励（如"还能做得更好吗？""就差一点儿了，加油！"）能给予孩子动力，使得他们更积极地去做符合父母期望的事情。孩子听多了否定和制止的话会感到厌烦，所以父母要避免说"不能去那边！""不许摸！"这样带有强烈否定语气的话，不妨将这类话语换成"试试这么做怎么样？""这样做更有趣！"等引导式的话语。如果孩子听从了父母的建议，父母就应该夸张地给予表扬。

当孩子犯错误时，父母当然得严厉地批评他们。但是批评多了，孩子就不再将其放在心上，所以父母的批评要及时，并且父母应该只在必要的情况下批评孩子，做到"快、准、狠"。父母如果在批评孩子时逐渐激动起来，感觉自己的情绪马上就要爆发，这时最好转移话题或暂时离开，让自己冷静下来。威胁恐吓孩子、情绪失控、对着孩子暴跳如雷，以及动手打孩子，都不是恰当的做法。

乖巧的孩子

◎ 与大人的关系

如果平时又吵又闹的孩子突然变得乖巧听话，父母就会担心他是不是不舒服，可能会带孩子去看医生。而一直都乖巧听话的孩子很少产生让父母头疼的问题，所以很少有父母会为孩子的这种个性找专家咨询或查看育儿书籍。这些孩子是"乖宝宝"，他们不会大发脾气，也不会对父母表现出明显的反抗。

对于乖巧的孩子，父母可能会倾向于注意他们偏食、胆小、黏人等问题，但总体上，乖巧的个性使得这样的孩子更受父母的喜爱。然而，2 岁的孩子让父母"饱受折磨"才是理所当然的。如果我的 2 岁孩子一点儿都不淘气，事事顺从我，我不会因此感到高兴。小时候非常乖、按照父母的意愿长大的孩子，到了青春期出现了各种各样的问题，这种情况并不少见。

有的孩子天生不好动、顺从父母，情绪也比较稳定，故而很少和父母发生冲突。**但在 2 岁这个自我意识萌芽的时期，孩子表现得过于乖巧，就是一个值得重视的问题。**

如果父母性格一丝不苟，对孩子的教育也较为严格，讨厌家里脏乱，食物要精挑细选……孩子的任何事情都由父母主导，孩子就会失去主动选择的权利。这样的父母当然能够轻轻松松

教养出大人喜欢的"乖宝宝"，但孩子在成长的过程中，不是对父母积累了很多不满，就是成为没有主见的人，这两种情况都不是父母愿意看到的。

　　也有因为父母的过度保护变得像提线木偶一样的孩子。举个例子。小景是一个皮肤白皙、眼睛水汪汪的可爱女孩。她的妈妈很喜欢打扮她，给她买了很多飘逸的连衣裙，让她穿上各种各样的漂亮衣服外出。而比起出门，小景更喜欢在家里安静地玩耍。她就是完全符合父母期望的乖宝宝。小景要做什么，

妈妈都提前给她安排好了，所以她从来不会表达自己想吃什么、想看什么，她几乎没有任何表情，总是静静地待着。如果小景在生活中多一些决定权就好了。

碰到这样的案例，人们总是批评父母在育儿上缺乏灵活性、对孩子过度保护，但有些父母的确存在难言之隐。例如，如果父母和孩子与年迈的长辈一起生活，父母就不得不有所顾虑，因此会限制孩子的活动。还有的家庭生活空间狭小，父母担心孩子打扰街坊四邻，所以才不允许孩子肆意玩闹。

父母如果发现孩子过于乖巧，就应该反思一下自己平时是不是事事都替孩子做主。父母应该在生活中多让乖巧的孩子发挥自主性，吃想吃的东西，去想去的地方，想怎么玩就怎么玩等。即使孩子一开始不太积极，父母也要积极地引导孩子。

◎ 和朋友在一起

当性格过于强势蛮横的孩子进入集体时，父母会担心孩子会不会把小伙伴推倒、会不会打人、会不会抢别人的玩具……而乖巧听话的孩子的父母则会反过来，担心自己的孩子会不会被小伙伴推倒、会不会被打、会不会被抢玩具……孩子或许也有同样的烦恼。对在安静、整洁的环境中被呵护长大的乖宝宝来说，那些捣蛋鬼是没有礼貌的、粗鲁的孩子，他们不但横冲直撞，会发出刺耳的尖叫

声，还总是出尔反尔，不讲道理。于是，当发生一些在孩子的世界中习以为常的事情，如争抢玩具或沙坑时，乖巧听话的孩子总是容易受欺负。

但是，和其他小朋友一起玩对孩子依旧具有吸引力，每当这时，孩子想离开妈妈去玩，却没有勇气。他们一边紧紧抓住妈妈的裙子，一边思考着要不要大胆地靠近其他小朋友。这就是乖宝宝的心理写照。

有的父母觉得孩子已经长大了，会强迫孩子和其他孩子一起玩。其实在这个阶段，孩子即便和其他的同龄孩子玩不到一起，父母也不用担心。父母可以陪孩子一起在旁边看其他孩子玩耍，或者让孩子在父母身边独自堆沙子。孩子开心才是最重要的。

有的孩子在 2 岁之前只和兄弟姐妹一起玩，对进入同龄孩子的圈子表现出明显的抵触。要求乖巧听话的孩子一下子变得活泼是不切实际的，父母应该让孩子按照自己的步调去社交。

敏感的孩子

◎ 对人敏感

"我的孩子有点儿敏感……"敏感究竟指的是什么呢？例如，在婴儿期，孩子只要听到一点儿声音就会停止喝奶；特别

怕生；如果在白天外出，到了夜里就会啼哭不止。这样的孩子一般内心敏感，很难适应不熟悉的人和陌生的环境。

敏感的孩子会莫名地讨厌特定的人群，比如对戴眼镜的男性或者穿黑色衣服的人明确地表现出反感，这种情况父母还可以理解。但有的孩子即便大人用非常温柔的语气对他说话，或在看到一些受绝大多数孩子喜爱的人物形象时也会产生讨厌或害怕的情绪，周围的大人根本不知道孩子讨厌或害怕什么。也有的孩子会突然对之前一直很亲近的人表现出反感。

对人敏感的孩子能敏锐地察觉熟悉之人的情绪变化。当妈妈生气地清理洒在地板上的果汁，或者疲惫地把散落的积木放进玩具箱时，孩子能很轻易地感受到妈妈的愤怒和疲惫。这类孩子中有很多会仅仅因为父母发生口角而变得惊慌失措。

大多数敏感的孩子警戒心都很强，他们很难放松地与初次见面的人玩耍，并且需要花费一点儿时间才能对其他人敞开心扉。父母如果想将敏感的孩子托付给别人照看，就需要循序渐进，给孩子留出足够的适应时间。

◎ 对事物敏感

有的孩子从婴儿期起就特别容易对光和声音等产生强烈的反应。有的孩子只要环境里稍微有一点儿声音，就会惊醒。有的孩子吃到讨厌的食物马上就会吐出来。有的孩子对衣服很挑剔，但父母并不清楚是衣服材质让孩子感到不舒服，还是衣服的配色孩子不喜欢。其实这两个原因都是有可能的：有些孩子皮肤敏感；有些孩子则对颜色敏感，比如非常排斥黑色，甚至

看到妈妈穿黑色衣服就会产生强烈的反应。

敏感的孩子怕黑，睡前一定要让父母和自己说话、为自己唱摇篮曲，没有这些"睡前仪式"，孩子就睡不着。大部分必须抱着喜欢的毛巾或毯子才能入睡的孩子都较为敏感。"安慰物"可以安抚孩子过度敏感和脆弱的内心。

敏感的孩子会对在大人看来平淡无奇的事物产生意想不到的强烈反应。例如，有的孩子害怕展示柜里的摆件，有的孩子讨厌幼儿园的某个洋娃娃，有的孩子不敢一个人经过走廊，有的孩子讨厌踩在沙滩上的感觉……父母如果发现孩子有点儿敏感，千万不要责备孩子，不要因为孩子对事物表现得敏感而紧张过头。

◎ 父母的职责

照顾敏感的孩子很辛苦，但我认为父母对孩子也有很多"敏感"的表现。究竟是父母影响了孩子，还是孩子影响了父母？讨论这个问题就像讨论先有鸡还是先有蛋一样。但如果在

多孩家庭中，对人或事物敏感的表现只出现在第一个孩子的身上，那么肯定是父母的育儿方式在某种程度上对孩子产生了影响，从而导致孩子出现了问题。

　　例如，第一个孩子对声音敏感，父母为了不吵到孩子，在孩子睡觉的时候会克制不发出任何声音。但第二个孩子到来后，周围出现噪声是不可避免的，所以，第二个孩子在没有那么安静的环境中也能睡着。另外，新手父母在养育第一个孩子时，会对奶瓶等用品反复消毒，但是在养育第二个孩子时，就没有那么讲究了。一旦熟悉了育儿的流程，父母的态度就会大不相同。

我并非鼓励父母对孩子敷衍了事。因为如果父母小心翼翼地对待敏感的孩子，父母和孩子就会相互影响，都会越来越敏感。

父母双方也要保持平衡，比如，如果妈妈较为敏感，爸爸就要反过来表现得迟钝一些。在孩子2岁这一时期，有的时候父母需要尽量满足孩子的要求，认真谨慎地对待孩子；有的时候父母可以适当地忽视孩子的需求，这样做也未尝是件坏事。当父母对孩子采取不同的态度时，孩子的敏感程度就会降低，孩子的潜能就可以得到激发。

倘若父母因害怕孩子对人或事物产生强烈反应就减少带孩子外出的时间，或者限制孩子的饮食，一成不变地生活，这对孩子绝非好事。不管孩子个性敏感是由体质还是其他因素所致，父母

都不可能永远使孩子远离刺激。孩子应该在变化中成长，父母既要保护孩子，又要对孩子进行"脱敏"训练，使孩子逐步对刺激产生"免疫力"。

欣赏孩子的个性

◎ 父母的个性与孩子的个性

许多人认为，孩子的性格像父母是天经地义的。有些父母发现孩子的性格与自己的有天壤之别，甚至会产生"孩子是不是抱错了！"的感叹，在这种情况下，他们不是强行扭转孩子的个性，就是束手无策，开始自我怀疑。

孩子的个性并没有明显的遗传规律。如果孩子符合自己

的期待，父母就会觉得特别幸运，但谁也无法保证这份"幸运"会延续下去。同样，现在孩子身上的"缺点"在未来有可能给他们带来意想不到的成功。当然，不管孩子个性如何，父母对他们的爱和关心是不会变的。即使妈妈90岁了，儿子年近古稀，妈妈还是会操心儿子的一切。总之，我想对新手父母说，1~2岁这个阶段是育儿最困难的阶段，不管孩子现在多么淘气和难以管教，到了4岁左右，他们都会慢慢懂事起来。

父母无法选择拥有什么样的孩子，同样，孩子也无法选择

拥有什么样的父母。孩子希望自己的父母开明、脾气好，脸上总是挂着笑容，而非缺乏耐心、脾气暴躁，动不动就对自己大声呵斥。孩子尤其不愿意"抽中"独断专行、要求孩子百分之百服从自己的父母。

家庭是父母和孩子个性碰撞的地方，但父母是实际上的掌权者，所以他们会想方设法让孩子符合自己心目中的标准。希腊神话中有一则故事叫作《普洛克路斯忒斯之床》。恶魔普洛克路斯忒斯有一长一短两张床，他会抓住过路的行人，将个子高的行人绑在短床上，用斧子砍去其腿脚；将个子矮的行人绑在长床上，强行拉长其躯体。童话故事《灰姑娘》中的继母为了让灰姑娘的两个姐姐穿上水晶鞋，不惜砍掉她们脚的一部分。父母的出发点无疑是好的，然而一旦过了头，他们就会变成普洛克路斯忒斯和灰姑娘的继母，酿成无法挽回的悲剧。

教养孩子、帮助孩子发挥个性固然重要，但父母也要保持自己的个性，不应压抑自己的个性。有的妈妈不希望自己24小时被孩子束缚，因而回归职场，这样做后，妈妈压力减轻了，育儿也更顺利。有些墨守成规的人认为妈妈在照顾孩子的同时做些自己喜欢的事是"玩忽职守",但我认为如果出门听音乐会、阅读小说能让妈妈开心做自己,帮助她们调节情绪,为她们的身心重新注入能量,那么妈妈放松一下也未尝不可。谁也无权阻止妈妈拥有属于自己的放松时间。

最坏的情况是,父母自认为尽心尽力地教养孩子但没有收到期望的成效,就向孩子和其他家庭成员撒气。性格过于较真的父母在碰壁后更容易控制不住情绪。适当地给自己喘息的时间,多一些包容吧!育儿和学习知识不同,付出和回报不一定成正比。

我心目中融洽的家庭氛围是家庭成员之间互相尊重、理解，父母和孩子都能充分发挥自己的个性。刚开始，各个家庭成员的需求和意见可能发生冲突，但长远来看，这样更有利于提升家庭生活的幸福感。

◎ 享受现在

有些父母会将孩子过去的经历和现在的行为联系起来，动不动就忧虑孩子的将来，这种做法可以说是自寻烦恼。父母一旦被这些毫无根据的忧虑缠住，就会难以摆脱，无论其他人说什么他们都听不进去了。

抓住过去不放的父母有一个坏习惯，那就是一旦出现了问题，他们就一定会从育儿方式上找原因。例如，孩子睡眠不规律，父母就会反思自己"是不是在孩子婴儿期抱得太少了"或"是不是因为没有陪孩子一起睡"。但是我们如果认真思考就会发现，过去的任何事情都可以成为原因，没有陪孩子睡也好，陪孩子睡得太多了也罢，都可能与孩子现在的睡眠问题相

关。所以，凡事向前看才是
明智的。

积极预测"未来"的父
母可能有两种做法：其一，
父母对孩子抱有期待，会将
自己的意愿强加给孩子，这
会给孩子造成负担；其二，
父母将孩子现在的行为和
未来联系起来，从而不断调
整自己的教养方式，更好地引导孩子。有些父母会放大事情的
严重程度，对无伤大雅的小事进行扭曲的解释，比如"这样下
去，孩子以后一定会变成粗鲁的人""说谎的孩子长大后一定
会成为骗子"……用消极的视角看待孩子，孩子也会因此受到
伤害。

父母着眼于孩子的"过去"和"未来"无可厚非，虽然这
样做能给予父母育儿的动力，提高他们的育儿积极性，但最值
得父母关注的应该是孩子的"现在"。父母一定要帮助孩子充

实地度过现在的每分每秒，接受并欣赏孩子的个性，让孩子感受到被关爱和被鼓励。为人父母是不易的，和孩子一起享受当下，珍惜美好的亲子时光吧！

孩子是单纯可爱的，他们会因为追逐小虫、看到透过树叶缝隙的阳光、碰到冰凉的水而欢呼雀跃。他们有时是"天使"，有时是"恶魔"。和孩子相处可以唤醒父母对自己天真烂漫童年的记忆。

第 6 章

生活中的互动

1. 早上起床时

每天早上起床后看到妈妈的笑脸，听到妈妈说"早上好!"，孩子就能以愉悦的心情开始新的一天。洗脸、换衣服、吃早饭等，孩子往往有一套属于自己的固定流程。如果孩子想

自己换衣服，父母要尽可能地尊重孩子的意愿。即使早晨时间紧张，父母也应该尽量保持同样的步调。在送孩子去幼儿园之前，一定不要训斥孩子或表现得愁眉苦脸。

早上好!

今天怎么这么乖?
有点儿奇怪。哦，
我明白了。

早上好!
我自己脱睡衣。

早上

2. 爸爸要去上班时

一些爸爸每天都很晚回家，在这种情况下，如果爸爸自己不努力创造机会和孩子相处，亲子关系就会变得不那么紧密。

上班前是爸爸和孩子互动的绝好时机，如果爸爸能在出门前和
孩子进行一些愉快的交流就更好了。方便的话，爸爸也可以顺
便送孩子去幼儿园，借此机会和孩子一起亲近大自然，或者跟
孩子一起跑一跑、跳一跳，帮助孩子提高运动能力。

今天下雨，就
送到门口吧！

路上小心！

3. 妈妈做饭时

2岁的孩子什么都想试一试，与其说他们是在帮妈妈的

忙，不如说他们是在玩耍，所以妈妈要善于引导孩子，同时不

让孩子妨碍到自己。妈妈可以让孩子捏面团，或者给孩子提供

蔬菜碎屑、锅和汤勺，让孩子玩过家家。让孩子负责摆放碗筷

等也是很好的方法。如果和妈妈一样围上围裙，孩子会非常高

兴，干劲十足。

4. 吃饭时

自己吃饭是孩子迈向独立的第一步。在孩子2岁这个阶段，

父母不一定非要让孩子学会用筷子，让孩子多多体验吃饭的乐趣

吧！孩子3岁以后再正式学习使用筷子也不算迟。如果孩子边玩边吃，父母应该马上把饭菜撤掉。近些年，越来越多的父母会先把孩子喂饱再吃饭，但我建议孩子和父母一起吃饭。

5. 看电视时

有些父母常常打发孩子去看电视。研究表明，整天看电视的孩子语言能力会变弱，变得不擅长和人相处。当然，孩子每

天看 2 小时左右电视是不成问题的。如果父母能暂时放下手头的工作陪孩子一起看电视，孩子一定会非常高兴。看完之后，父母和孩子可以一起谈谈感想，这有助于丰富孩子的情感世界和培养他们的同理心。

6. 洗澡时

洗澡是亲子互动的好机会。和孩子一起洗澡可以增进亲子关系，利用这个机会多和孩子聊聊天，一起度过愉快的时光

吧！注意，不要带太多洗澡玩具，这样会分散孩子的注意力，让孩子选择3个最喜欢的洗澡玩具即可。如果孩子想要自己洗身体，就让他做吧！不过，在这个阶段，洗头暂时还需要父母的帮忙。

7. 客人来访时

客人来访时，有的父母会让孩子待在自己身边，以便照顾孩子；有的父母则会让孩子去别的房间玩耍，以免打扰客人。

两种行为孰优孰劣我们很难一概而论。要注意的是，如果孩子在客人面前做了不礼貌的事情，父母一定要和孩子说清楚，即使孩子不理解父母，父母也要向他们讲明道理。

8. 把孩子托付给保姆时

在保姆正式开始照顾孩子之前，一定要让孩子知道父母信任这个人。父母可以当着孩子的面和保姆交谈，把孩子的特点

妈妈和爸爸要出门，于是把孩子托付给保姆照顾。孩子哭闹着不让妈妈走。

孩子会不会
想我?

和习惯一一告诉保姆。父母
外出时,应该要求保姆早一
点儿来,提前让孩子与保姆
接触。孩子如果觉得自己像
物品一样被寄存,就会在心
底种下不安的种子。

9. 外出购物时

超市、玩具店、小吃店对孩子来说都是非常有趣的场所，孩子能够在这些地方获得各种新奇的体验。但也因为如此，孩

子打扰到别人的事情时有发生。父母要事先制订好外出的规则，

让孩子了解在公共场合应该遵守规则，不能随心所欲。父母如

果觉得制订的规则不符合实际情况，就应该灵活地加以改正。

我会付钱的。

10. 和孩子在公园玩耍时

公园是培养孩子的公德心、教孩子分辨行为好坏的绝佳场所。在公园玩耍时，如果孩子犯错误，父母一定要当场纠正，并且详细地告诉孩子为什么不能这么做。但是，如果父母自己不遵守公共场合的规则，一切就都无从谈起了。

我也可以！

　　孩子能在公共场合体验到
在家里没有的乐趣。就算孩子
遇到了挫折，感到委屈，对他
们来说这些也都是很有意义的
经历。除此之外，让孩子在户
外尽情活动身体也有助于提高
他们的运动能力。

11. 散步时

2 岁的孩子有强烈的好奇心。为了好好回答孩子提出的问题，许多父母绞尽脑汁。对于孩子的问题，父母要认真、缓慢

唉，什么时候才能到店里啊?

地作答，巧妙地引起孩子的兴趣。不要以"教"为目的，而应
该以提高孩子对周围事物的敏锐度为目的。积极地利用和孩子
一起散步的机会吧！

12. 乘坐公共交通工具时

乘坐公共交通工具时，父母不要纵容孩子的不当行为。2岁的孩子已经可以控制自己的行为了，父母可以借机培养孩子的

叔叔会生气的，不可以这样做。

啊啊！

公德心，在孩子行为不当时把道理讲清楚。不要说"这样做会惹叔叔生气，不可以"，而要说"这样做会给别人添麻烦，不可以"。

13. 去看病时

即使孩子不能完全理解，父母也要明确向孩子说明为什么要去看医生，这样做有助于孩子的情绪稳定下来。在等待问诊的过程中，为了不影响他人，父母可以带上孩子喜欢的图画

我不去！

书。尽管孩子生病会让父母担心，但换个角度看，这也是增进亲子关系的机会。有些孩子一旦生病就会变得爱撒娇，但是，即便在生病期间，孩子也要遵守家里的规定。

对不起，是妈妈没有说清楚……

14. 参加聚会时

去吧，和大家一起玩。

有时候父母会约上三五好友在家聚会。聚会时，有的孩子不停哭闹，有的孩子紧紧黏在妈妈身边，孩子的反应各不相同，对此父母要采取不同的应对措施。此外，如果孩子太兴奋而给别人添麻烦，父母必须对孩子的行为加以制止，并引导孩子认识到自己的问题。父母不应强求 2 岁的孩子在别人面前做个举止得体的乖宝宝，重点是让孩子产生"真开心，下次还想和大家一起玩"的想法。